"一带一路"背景下

中法职业教育比较及合作路径研究

慕玮　齐芳　汪越琪　著

延吉·延边大学出版社

图书在版编目（CIP）数据

"一带一路"背景下中法职业教育比较及合作路径研究 / 慕玮，齐芳，汪越琪著. -- 延吉：延边大学出版社，2024. 8. -- ISBN 978-7-230-07040-9

Ⅰ. G719.2；G719.565

中国国家版本馆 CIP 数据核字第 2024GU4196 号

"一带一路"背景下中法职业教育比较及合作路径研究

著　　者：慕　玮　齐　芳　汪越琪
责任编辑：朱秋梅
封面设计：文合文化
出版发行：延边大学出版社
社　　址：吉林省延吉市公园路 977 号
邮　　编：133002
网　　址：http://www.ydcbs.com
E-mail：ydcbs@ydcbs.com
电　　话：0451-51027069
传　　真：0433-2732434
发行电话：0433-2733056
印　　刷：三河市嵩川印刷有限公司
开　　本：787 mm×1092 mm　1/16
印　　张：9
字　　数：200 千字
版　　次：2024 年 8 月　第 1 版
印　　次：2025 年 1 月　第 1 次印刷
ISBN 978-7-230-07040-9

定　　价：60.00 元

前　　言

文明因相互交流而多彩，文明因相互借鉴而丰富。中法建交开启了一个甲子的文明对话，在独立自主、相互理解、高瞻远瞩、互利共赢的"中法精神"引领下，中法人文交流掀开了新篇章。

新时代，中法交往的每个高光时刻，都有人文交流作为支撑。2014 年，在中法建交 50 周年之际，两国元首宣布正式建立中法高级别人文交流机制，其内容涵盖十大人文交流领域，即教育、文化、科技、卫生、体育、旅游、青年、妇女、新闻媒体和地方合作。2024 年 1 月，习近平主席强调，要以中法文化旅游年、巴黎奥运会为契机，扩大人文交流、促进民心相通。2024 年 5 月，在访法期间，习近平主席提出推动未来 3 年法国来华留学生突破 1 万人、欧洲青少年来华交流规模翻一番的重要倡议。

文明的对话，人文的交流，是中法人民共同的愿景。进入新甲子年，站在人类发展新的十字路口，面对世界百年变局的风云际会和气候变化、资源短缺、贫困、公共卫生安全等全球性问题，中法两国需要通力合作，携手构建"人类命运共同体"。在中法高级别人文交流机制下，教育将在中法的"双向奔赴"中大放异彩。

我们将看到，中法两国在不断推动更多青年学子交流、为促进两国学生平衡流动做出更大努力；中法两国在努力办好更多教育务实合作项目和活动，加强两国高层次人才培养合作；中法还将进一步扩大语言合作规模，为两国青少年讲好中法友好交往故事创造平台，为中法民心相通奠定更加坚实的基础。

建设"丝绸之路经济带"和"21 世纪海上丝绸之路"（以下简称"一带一路"）倡议，是中国在"共商、共建、共享"原则指导下为世界提供的"互联互通"合作平台，旨在促进全球共同发展和繁荣，增进各国民生福祉，共建"人类命运共同体"。自 2013 年"一带一路"倡议提出以来，中法两国的交流合作逐渐从理念转化为行动，从愿景转变为现实。

随着"一带一路"范围的不断扩大，不同历史文化背景的国家在相互碰撞中探索合作的新范式，然而价值观的差异、地缘政治环境的复杂性、经济发展程度的不同，使"一带一路"倡议在推进的过程中时刻面对风险和挑战。在此背景下，全面、客观地了解不同国家关于"一带一路"倡议的舆情，有针对性地做好增信释疑工作，能够改善传播效果，为该倡议的持续推进，营造良好的舆论环境。

"一带一路"倡议的海外传播是中国政治话语海外传播的重要内容，该倡议在一些英语国家的传播已受到重视，但在法语国家和地区的传播还存在一些问题，有待进一步了解、研究。法国是欧盟的创始国之一，也是欧盟的核心成员国之一，在欧洲事务中发挥着重要的作用，法国的态度对"一带一路"倡议在欧洲的实施具有重要影响。同时，法国是非洲法语国家的前宗主国，目前对该地区仍有较大影响力，法国政府的态度和法国媒体的报道，影响非洲法语区对"一带一路"的看法。因此，全面深入研究"一带一路"倡议在法国的传播状况具有重要意义。目前，对"一带一路"倡议在法国传播的系统研究不足，研究范围和研究方法有待进一步拓展。本文在尝试对比分析"一带一路"在法国的传播状况的基础上，研究、比较了"一带一路"背景下中法职业教育及其合作路径。

全书共有六章。第一章介绍了"一带一路"沿线职业教育合作，主要研究了职业教育合作的政策环境、合作的路径创新，以及职业教育合作的标准共建；第二章为"一带一路"技术技能人才培养合作，主要探究了"一带一路"背景下国际化技术技能人才的培养、"一带一路"背景下中法职业教育合作前瞻、"一带一路"背景下中法职业教育合作的"跨文化"问题，以及"一带一路"技术技能人才培养合作策略；第三章为"一带一路"沿线职业教育援助，主要探究了职业教育援助的内涵与特点、职业教育援助范围的不断扩大，以及职业教育援助方式的多样性；第四章是法国职业教育体系研究，主要研究了法国职业教育沿革的结论及启示、法国职业教育的现行体制、法国职业教育体系的特点与问题、法国职业教育改革，以及法国职业教育发展的启示；第五章为"一带一路"背景下中法职业教育比较，这些比较有中法职业教育体系、中法职业教育体系中第四级教育、中法高等教育经费来源、中国与法国 IUT 高等职业教育；第六章主要研究了"一带一路"背景下中法职业教育合作的路径，分析了中法高等职业教育合作的现状及问题、国际教育商业化背景下的中法高校合作前景及其策略，以及促进中法职业教育合作的对策。

在撰写本书的过程中，笔者既对前辈学者的研究成果有所参考和借鉴，又注重将自身的研究成果充实其中。尽管如此，囿于笔者水平有限，本书难免存在不妥之处，恳请读者们批评、指正。

目 录

第一章 "一带一路"沿线职业教育合作

"一带一路"倡议的实施，进一步凸显了职业教育的优势和作用，职业教育为"一带一路"共建国家的教育发展和建设提供了其他教育类型无法替代的人才和技术支撑。自倡议提出以来，我国中央和各级地方政府部门出台了多个文件，加快发展职业教育的国际合作，职业教育不断被赋予新的使命和内涵，进入重要的战略机遇期。

第一节 职业教育合作的政策环境

在职业教育对外开放的进程中，我国制定并发布了多个相关文件，支持与"一带一路"共建国家在教育领域的合作，推动我国职业教育"走出去"。我国积极与"一带一路"共建国家开展教育法律、政策协同研究，为沿线各国政府推进教育政策互通提供决策建议。依托政府间战略合作模式，在"一带一路"政策的倡议下，截至2023年6月底，中国与150多个国家、30多个国际组织签署了200多份共建"一带一路"合作文件，并在此基础上不断加深职业技术教育领域的合作。

一、构建"一带一路"职业教育国际合作的政策体系

我国从中共中央办公厅、国务院、教育部等国家层面，再到各区域、省市层面，都出台了相应的支持职业教育对外开放的指导性文件，旨在形成全方位、多层次、宽领域的职业教育对外开放格局，为同"一带一路"共建国家的职业教育交流与合作，提供了

稳固的政策保障。

2013 年，习近平主席首次提出"一带一路"倡议。同年，教育部发布《教育部关于2013 年深化教育领域综合改革的意见》，提出扩大教育对外开放的五个主要途径：落实一个计划（《留学中国计划》）、实施一个规划（《孔子学院发展规划（2012—2020年）》）、完善一个机制（市场选择和淘汰机制）、推进一个建设（教育国家合作交流综合改革试验区建设）及扩大一项职权（省级教育行政部门在教育涉外管理方面的职权），职业教育国际化工作逐渐向机制化、项目化、高质量方向发展。

2014 年，国务院召开全国职业教育工作会议，出台《关于加快发展现代职业教育的决定》，提出到 2020 年形成"具有中国特色、世界水平的现代职业教育体系""实施中外职业院校合作办学项目，探索和规范职业院校到国（境）外办学"，明确提出"推动与中国企业和产品'走出去'相配套的职业教育发展模式"。同年，教育部等六部门印发《现代职业教育体系建设规划（2014—2020 年）》提出"服务国家对外开放战略，培育一批具有国际竞争力的职业院校"的建设任务。6 月 23 日，习近平总书记专门就职业教育做出重要指示。2014 年底，教育部发布《教育部关于深化职业教育教学改革全面提高人才培养质量的若干意见》，强调坚持国际合作、开放创新。在教学标准开发、课程建设、师资培训、学生培养等方面加强国际交流与合作，推动教育教学改革创新，积极参与国际规则制定，提升我国技术技能人才培养的国际竞争力。

2015 年 3 月，国家发展和改革委员会（以下简称发改委）、外交部、商务部联合发布了《推动共建丝绸之路经济带和 21 世纪海上丝绸之路的愿景与行动》，提出了"一带一路"的框架思路与"一带一路""五通"（政策沟通、设施联通、贸易畅通、资金融通、民心相通）的合作重点、合作机制。2015 年 10 月，教育部印发《高等职业教育创新发展行动计划（2015—2018 年）》指出，高等职业教育要重视引进境外优质资源，支持优质产能"走出去"，扩大职业教育国际影响。

2016 年 4 月，中共中央办公厅、国务院办公厅印发《关于做好新时期教育对外开放工作的若干意见》，指出要通过鼓励高等学校和职业院校配合企业走出去，鼓励社会力量参与境外办学，稳妥推进境外办学。加强高端引领，提升我国教育实力和创新能力，实施"一带一路"教育行动，促进共建国家教育合作；加强教育互联互通、人才培养培训等工作，对接各国发展需求，倡议共建国家共同行动，实现合作共赢。同时，要紧密对接《中国制造 2025》，开发与国际先进标准相对接的职业教育课程体系，积极参与制定职业教育国际标准。

为了贯彻落实《关于做好新时期教育对外开放工作的若干意见》，教育部于2016年7月发布《推进共建"一带一路"教育行动》，指出推进共建"一带一路"为推动区域教育大开放、大交流、大融合提供了大契机。中国愿与共建国家一道，扩大人文交流，加强人才培养，共同开创教育的美好明天。高等学校、职业院校要立足各自发展战略和本地区实际，参与共建"一带一路"的规划，与共建各国开展形式多样的合作交流，重点做好完善现代大学制度、创新人才培养模式、提升来华留学质量、优化境外合作办学、助推企业成长等各项工作的协同发展。

2017年7月，中共中央办公厅、国务院办公厅印发了《关于加强和改进中外人文交流工作的若干意见》，指出要丰富和拓展人文交流的内涵和领域，打造人文交流国际知名品牌。坚持走出去和引进来双向发力，重点支持汉语、中医药、武术、美食、节日民俗，以及其他非物质文化遗产等代表性项目走出去，深化中外留学与合作办学、高校和科研机构国际协同创新。

2017年12月，国务院办公厅印发《关于深化产教融合的若干意见》，提出要开发符合国情、国际开放的校企合作培养人才和协同创新模式，推动一批中外院校和企业结对联合培养国际化应用型人才，统筹职业教育与区域发展布局，引导职业教育资源逐步向产业和人口集聚区集中，鼓励职业教育、高等教育参与配合"一带一路"建设和国际产能合作。

2019年3月，教育部、财政部印发《关于实施中国特色高水平高职学校和专业建设计划的意见》，提出"到2035年，一批高职学校和专业群达到国际先进水平，引领职业教育实现现代化，为促进经济社会发展和提高国家竞争力提供优质人才资源支撑。职业教育高质量发展的政策、制度、标准体系更加成熟完善，形成中国特色职业教育发展模式"。

2020年9月，教育部等九部门出台《职业教育提质培优行动计划（2020—2023年）》，指出要"加强职业学校与境外中资企业合作，支持职业学校到国（境）外办学，培育一批'鲁班工坊'，培养熟悉中华传统文化、中资企业急需的本土技术技能人才。鼓励国家开放大学建设海外学习中心，推动中国与产能合作国远程教育培训合作""推进'中文+职业技能'项目，助力中国职业教育走出去，提升国际影响力"。

2020年10月，中共中央、国务院印发《深化新时代教育评价改革总体方案》，提出要"改进高校国际交流合作评价，促进提升校际交流、来华留学、合作办学、海外人才引进等工作质量。探索开展高校服务全民终身学习情况评价，促进学习型社会建设"。

2021 年 10 月，中共中央办公厅、国务院办公厅印发《关于推动现代职业教育高质量发展的意见》，指出要将"提升中外合作办学水平、拓展中外合作交流平台、推动职业教育走出去"作为打造中国特色职业教育品牌的重要举措。

二、搭建"一带一路"职业教育合作的多边框架

我国积极在双边、多边、次区域的合作框架下，促进职业教育国际化发展，与非洲、中东欧、澜沧江-湄公河地区等不同层级的国际区域开展协作，逐步构建了"一带一路"共建国家职业教育合作的机制。

2016 年 3 月正式启动的澜沧江-湄公河合作（简称澜湄合作）是中国与周边国家开展区域、次区域合作进展最为迅速、最具成效的机制之一。

2018 年 1 月 10 日，澜湄合作第二次领导人会议在柬埔寨金边举行，会议发表了《澜沧江-湄公河合作五年行动计划（2018—2022）》，提出在"中国-东盟教育交流周期间举办活动，加强澜湄国家合作。加强职业教育培训，支持在中国设立澜湄职业教育基地，在湄公河国家设立澜湄职业教育培训中心。推动澜湄国家高校合作，鼓励高校间开展联合培养、联合研究和学术交流，探索建立学分互认互换制度"。位于柬埔寨国立理工学院的柬埔寨鲁班工坊就是在澜湄合作体系下由天津中德应用技术大学创建的，旨在通过开展工程实践创新项目技术技能培训，为澜湄地区培养高素质技术技能人才。

近年来，中国与中东欧国家的合作已成为职业教育服务"一带一路"建设的样板。中国与中东欧国家在互派留学生、互认学历学位、共同开展研究、设立合作办学项目、共建科技创新联盟、开设相关语言和专业培训等方面取得了突破。2018 年 11 月 24 日，为响应中国-中东欧国家领导人会晤成果文件《中国-中东欧国家合作布达佩斯纲要》，进一步加强与中东欧国家的教育合作与交流，推动职业教育大开放、大交流、大融合，让中国-中东欧职业教育深度融合，助力提升具有国际竞争力的职业院校质量，中国-中东欧职业教育国际交流研讨会暨中国-中东欧职业教育国际联盟（中国区）成立会，在北京举行。中国-中东欧职业教育国际联盟是深化国家之间职业教育交流合作的高端平台，对于促进中国与中东欧国家的人文交流、加强职业教育合作具有重要意义。来自多个国家的外方嘉宾、职业学院与国内 23 个省、自治区、直辖市的业内人士参会，围绕"产教融合与中国-中东欧职业教育国际交流"主题，探讨深化产教融合，从而更好地

发挥职业教育在"一带一路"建设和"人类命运共同体"构建中的作用。

2018年9月3日，中非合作论坛北京峰会隆重开幕，习近平主席出席开幕式并发表主旨讲话，提出要实施能力建设行动，要在非洲设立10个鲁班工坊，向非洲青年提供职业技能培训。作为中非合作"八大行动"倡议中能力建设合作的一部分，鲁班工坊的建设起着填补中非职业教育合作领域空白的作用。非洲首家鲁班工坊于2019年3月建成于吉布提，截至2021年7月，中国已在非洲10个国家设立11个鲁班工坊。至此，鲁班工坊的足迹遍布"一带一路"沿线的亚洲、欧洲、非洲的17个国家，共建成18个。鲁班工坊的建设是对我国双边、多边、次区域的职业教育合作框架协议中的重要内容的填充，向海外职业教育打造了中国品牌，让世界看到了中国标准。

三、形成"一带一路"职业国际教育合作共同体

我国在推进教育共同体建设的过程中，重视国际职业教育和产业联盟的作用，通过举办国际研讨会等形式，始终致力于建立健全沟通的渠道，与国内外官员、专家学者、行业人士充分交流，共同努力推进"一带一路"共建国家职业教育的发展。

2016年10月召开的"一带一路"产教协同联盟峰会上发起的"成立'一带一路'产教协同联盟"的倡议，获得了教育部、商务部、宁波市人民政府、中国教育国际交流协会等政府部门和行业的鼎力支持，引起高职院校的积极响应和"一带一路"共建国家及广大发展中国家、国际组织、媒体的高度关注。

2017年6月9日，在第四届中国宁波-中东欧国家教育合作交流活动开幕式暨"一带一路"教育合作高峰论坛上，全国首个"一带一路"产教协同联盟宣告成立。来自全国76家高职院校、中航国际等13家不同行业的龙头企业，以及中国教育国际交流协会、中国有色金属工业协会、国家半导体产业联盟等多个行业和组织加入该联盟。"一带一路"产教协同联盟的成立，将实质性推进中国与"一带一路"共建国家在产教协同、培养高技能人才和商贸人才相关领域的战略合作。

为了深化产教融合，推动"一带一路"共建国家的职业教育合作，职业教育国际研讨会于2018年5月7日在天津召开。中外嘉宾就深化产教融合、更好地发挥职业教育在"一带一路"建设和"人类命运共同体"构建中的作用等问题进行了交流研讨，并就"一带一路"倡议与职业院校"走出去"的经验、问题与建议开展了对话交流。

第二节 职业教育合作的路径创新

在全面推进"一带一路"倡议的进程中，中国和共建各国的联系更紧密，合作更深入，合作渠道更畅通，合作方式更多样，逐步形成命运共同体，互相包容，共同发展。作为确保"一带一路"倡议全面贯彻落实的关键所在，职业院校和相关机构深化拓展国际交流与合作，不断拓宽职业教育合作的广度和深度，形成了多种合作的创新路径。

一、拓展"一带一路"职业教育合作范围

近年来，我国职业院校主动与"一带一路"共建国家加强交流与合作，共享我国职业教育的发展经验和改革成果，带动共建国家职业教育改革发展，形成携手共同发展职业教育的局面。"携手发展"呈现以下特点：区域分布广，国内 40 所院校与"一带一路"共建国家开展了合作项目，主要集中在泰国、印度尼西亚、柬埔寨等国家，国内的职业院校合作覆盖了东亚、西亚、南亚、中亚、中东欧等区域；合作形式多，如政府统筹下的教育援助，有合作基础或相同研究课题和发展目标的学校合建培训学校、进行海外合作办学、吸引留学生等，以及在企业推动下开展员工合作培训等；合作领域广，从机电一体化等机械制造类、铁道工程等轨道交通类、3D 打印技术等新兴产业类，到农业类、医学类，再到商务和文化艺术类等，专业类别丰富。

二、开展"一带一路"职业教育的多样合作

（一）合作立足实际

内蒙古机电职业技术学院在校企联合成立服务非洲工作小组后，开展了援助肯尼亚职业教育的工作。该学院先后派出 4 名专业教师 7 次深入肯尼亚 10 余家大中型企业、4 所高职院校，进行调研、走访、资料收集，了解当地企业对人才的需求和学生现有知识水平状况，以便掌握未来人才培养的方向。最终，该学院与中航国际共同为肯方量身定

制了数控技术专业的人才培养方案，确定了专业人才培养目标，坚持"当地要什么、我们干什么"的原则。为推动相关国家农业领域务实合作的战略举措，广东农工商职业技术学院承接了农业农村部、广东省农业农村厅共 10 个援外培训班，分别为泰国农村发展研修班、发展中国家现代农业管理研修班、发展中国家现代农业科技创新研修班、阿富汗农村政策与实践研修班等。

（二）合作维度丰富

合作维度的丰富主要表现在如下方面：从微观教师教学、课程设置，到中观校企联盟，再到宏观政府领导，多维度展开合作，相互促进。例如，在双边需求的驱动下，中国-南非职业技术教育展开合作，在政府层面，建立中非（南）高级别人文交流机制、中非（南）职业教育合作联盟、金砖国家技能发展与技术创新大赛等合作平台；在院校层面，以高职院校为主体开展南非学生来华学习实习项目，设立海外分院等；在企业层面，在南非的中资企业自主实施本土员工技能培训；承接南非来华留学生项目的高职院校的课程设置可用"三个一"进行概括，这"三个一"分别是指中国传统文化课程、技能专业课程、综合能力提升课程。此外，南非来华培训留学生的技能培训包含校内培训和企业实习两个阶段，企业实习可以体现我国高职教育"学中做，做中学"的特色。

（三）合作领域多样

"一带一路"职业教育的专业范围广，可以为培养"懂语言，精专业，通文化"的复合型人才提供助力。以江西省为例，截至 2022 年，该省共有高职院校 64 所、中职学校 213 所。以高职院校为例，目前，国家级重点专业和省级重点专业已达 400 个，专业设置涵盖第一、第二、第三产业，既能满足非洲国家经济社会发展之需，又能满足"一带一路"建设人才培养之需。同时，我国职业院校注重语言培养，助力传播中国文化，讲好中国故事，如上海市工商外国语学校从 2013 年开始正式招收来华留学生，形成了以商务汉语为核心的汉语、文化教学课程体系，开发长、中、短期各类商务汉语培训项目，为"一带一路"共建国家和地区的长期留学生、短期留学生或国内成人，提供商务汉语、国际汉语和中国文化菜单定制式培训。

三、搭建"一带一路"职业教育合作的学术平台

（一）以国际研讨会形式共议职业教育，汇聚专业机构和国际声音

2018 年 5 月 7 日，2018 年职业教育国际研讨会在天津召开。会议邀请联合国教科文组织、世界银行等国际组织，印度、印度尼西亚、泰国、叙利亚、巴基斯坦、英国等国家的代表与各地教育行政部门分管职业教育的负责人、职业教育教研部门的负责人和部分职业院校和行业企业代表参加，就深化产教融合，更好地发挥职业教育在"一带一路"建设和"人类命运共同体"构建中的作用等问题进行了交流研讨。来自 8 个国家的外方嘉宾与国内 23 个省、自治区、直辖市的政府机构、企业、职业院校、协会代表 260 余人参加了会议。

（二）搭建国际联盟，共享职教改革成果，赢得国际认同

职教共同体是多元主体参与职业教育的重要载体，也是实现产教深度融合的必由之路，这是由职业教育的本质属性决定的。例如，江苏经贸职业技术学院成立"一带一路"现代商贸流通职教联盟，联盟设立商贸流通协同育人中心、国际师资培训中心等，负责具体合作项目的落实与拓展。通过搭建国际联盟的方式，联盟主动服务"走出去"的中资企业，有助于促进"一带一路"共建国家在商贸流通领域进行双边或多边对话。再如，2018 年 5 月 8 日，由中国职业技术教育学会、天津市教育委员会主办的工程实践创新项目（Engineering Practice Innovation Project，以下简称 EPIP）国际教育联盟论坛在天津渤海职业技术学院召开。该联盟的成立，使得中国的教学模式、方法得到了国际认同，也让更多的"一带一路"共建国家共享了我国职业教育改革发展 40 余年的成果。

（三）以国际竞赛促进技术交流，紧跟国际步伐

2018 年 5 月 6 日，"国赛"对接"世赛"第五届职业院校国际赛事合作交流活动在中国（天津）职业技能公共实训中心举行。承办方表示，竞赛不是目的，实际更多的是进行相应的技术交流。这个技术交流不仅局限于中国国内的队伍，更多的是为"一带一路"共建国家和院校的相关学生搭建一个合作交流的平台。中航公司在肯尼亚发起非洲职业技能挑战赛（Africa Tech Challenge，以下简称 ATC），该活动通过赛前培训和集训选拔出一批优秀选手，在比赛规定时间内操作数控机床完成产品的加工。ATC 既搭建了

一个学校和企业交流的平台，为肯尼亚的制造企业源源不断地输送了大批高技能人才，又帮助学生提高了机床应用技能的实践水平，为学生就业和创业提供了机会。

四、形成"一带一路"共建国家优质教育资源共享机制

在"一带一路"共建国家职业教育国际合作的过程中，教育资源的共享非常重要。以优秀的师资为引领，整合优质的教育资源，可以推动中外职业院校在教育理念、教学方法、课程改革等方面的合作与交流，增进契合度。例如，广东农工商职业技术学院实施师资培养"引进来"与"走出去"相结合战略，重点引进适合学校特色专业发展的海归人才，并依托自身特色，选派热作类专业教师、财经类专业教师前往"泰国学习中心"和"马来西亚学习中心"，面向广垦橡胶集团海外员工举办橡胶技术培训班，为泰华树胶（大众）有限公司培训员工720人，举办广垦橡胶驻外优秀员工培训班3期；与马来西亚砂拉越科技大学学院和留华同学会共同组建师资团队，对300多名马来西亚农场主和农业技术人员进行了培训，把我国先进的农业技术输送到国外。自2016年至今，广东农工商职业技术学院先后选派了8批骨干教师到泰国、马来西亚开展教学活动和技术培训，培训2 000多人次。2017年，成立了"东南亚研究所"，学校教师充分发挥自身专业优势，积极参与农业农村部的科研课题研究，主持"农垦企业'走出去'发展天然橡胶产业的区域选择理论与实践探索"等一大批高质量课题，为"一带一路"共建国家输送了优秀师资。

优秀的师资代表着先进的教学理念和科学的教学方法，但是"一带一路"共建国家既包括发达国家，又包括发展中国家，除了输出资源，对于发达国家职业教育中的先进理念也应积极学习和借鉴，并从中获取优质教育资源。例如，郑州电力高等专科学校于2020年通过在线沟通，与德国北黑森应用技术大学开展合作，大力推广"双元"育人模式，通过中德合作等办学项目，从模块化课程体系到理实一体化互动教学，从技术训练到过程考核，学校师生在研讨和实践中逐渐转变了观念，形成了职业类型教育的新理念，逐渐探索出一套职业教育的育人模式。

第三节 职业教育合作的标准共建

职业教育资格证书互认是职业教育合作高效开展的重要保障。在教育部等政府部门的持续指导与支持下，经过职业院校等机构多年的探索与实践，我国逐渐在课程开发、行业标准制定、资格证书培训与互认等方面取得丰硕成果。其中，鲁班工坊更是成为职业教育合作的"标准间"，为中国与"一带一路"共建国家的职业教育合作提供了样板。

一、逐步形成"一带一路"共建国家适用的职业教育标准体系

（一）对标国际化标准

广东农工商职业技术学院于 2017 年开始推行成果导向教育（Outcome Based Education，以下简称 OBE）教学改革，以优化专业结构和专业布局。OBE 以优势专业和特色专业为突破，以制定共同认可的国际化专业课程标准为核心，开发了与"一带一路"共建国家产业链对接的国际化专业课程。

（二）输出中国特色标准

依托中国教育部与肯尼亚教育部签署的肯尼亚教育部大中专升级改造项目协议，中国航空技术国际控股有限公司作为项目承办方，遴选江苏经贸职业技术学院制冷与空调技术专业团队承担外方人才培养任务。为此，江苏经贸职业技术学院开发了包含 8 门核心课程在内的教学大纲及相应教材、23 种教学仪器设备操作训练手册、200 多个实训项目方案和 1 套专业考核标准，提供了总计 800 个学时的制冷与空调专业的整体解决方案，3 位骨干教师远赴肯尼亚，开展了为期 150 天的援教工作，为当地培养了 22 名教学骨干，输出了真正意义上的"江苏职业教育标准"。

（三）制定行业标准

近年来，我国职业教育依托强大的职业教育体系和广阔的就业市场前景，制定了一系列符合"一带一路"倡议的职业教育行业标准。广东农工商职业技术学院作为农业农村部直属院校，紧跟广东农垦的"走出去"战略，秉承"垦区产业发展到哪里，学校专业服务到哪里"的服务理念，关注职业教育中行业标准的开发和应用，主动服务广东农垦的"走出去"企业。2018年，该校为广东省广垦橡胶集团的海外分公司开发了《橡胶加工安全生产规范》标准，目前，该标准已被广东省广垦橡胶集团在泰国、柬埔寨、马来西亚、印度尼西亚等20多家海外公司认定和使用，使得3 000多名企业员工受益。

（四）开展资格证书培训

国内的航海院校基本都引进了由国家海事局颁发、由国际海事组织认可的船员适任证书制度。国内的航海职业院校可以利用自身设备及教学资源，开展航海类国际通用职业资格证书培训，为"一带一路"共建国家培养应用型海事人才。2017年11月，中国和巴拿马签署了《中华人民共和国政府和巴拿马共和国政府海运协定》。此后，中巴两国在海运和海事领域不断加强深度合作。中国约有1.3万名船员持巴拿马证书，总量在全世界排名第三。江苏海事职业技术学院与巴拿马共建了巴拿马船员证书培训中心，开展机工和水手证书的培训工作。

二、打造"一带一路"共建国家鲁班工坊的"标准间"

天津将鲁班工坊作为现代职业教育示范区的优秀职业技术教育和教学成果，采取学历教育与职业培训的方式，将其输出国门，与世界分享。鲁班工坊秉持平等合作、开放包容、互学互鉴、互利共赢的精神，坚持共研、共建、共享、共用、共赢的"五共"机制，搭建中国职业教育与世界合作交流的实体桥梁。

鲁班工坊是天津主导推动实施的职业教育国际知名品牌，旨在通过学历教育与职业培训的方式，将天津职业教育的优秀技术和文化分享给世界，搭建天津职业教育与世界沟通的桥梁。鲁班工坊是以国家职业教育改革试验区、创新示范区与示范区"升级版"，以及"新时代职业教育创新发展标杆"与"现代职业教育体系建设改革新模式"项目的建设成果为支撑，历经多年实践探索、理论研究、经验总结、模式推广，与世界分享中国教学模式、专业标准、技术装备和教学资源的实体化平台。自 2016 年以来，天津职业教育发挥整体优势，以系统化、体系化、品牌化设计集结"出海"，在亚欧非 20 个国家创建了 21 个鲁班工坊。基于鲁班工坊的创新实践，天津职业院校一是创立了中国本土化、视野国际化的工程实践创新项目（EPIP）教学模式，二是主导开发了国际化系列专业教学标准，三是推广了以中国技能大赛优质装备为代表的中国技术产品和优质双语教学资源，四是面向境外师资实施了卓有成效的标准化进阶式培训培养。通过以上四个方面的实践探索，天津职业院校创立了中国本土化教学模式，创成了中国国际化教育品牌。

鲁班工坊的实践，有效解决了中国职业教育长期存在的教学模式盲从、教学标准依赖、教学装备模仿、教学资源照搬、教学效果不彰等问题，系统解决了直面世界产教融合、国际产能合作，开展境外职教合作的内涵依托问题，成功解决了中国职教"出海"，与世界分享教学成果的路径、载体、保障问题，构建了面向世界的中国职业教育标准体系、资源体系与话语体系，深度助力"一带一路"建设，取得了重大教学理论创新与重大改革实践突破，在全国乃至世界范围引起重大反响。

自 2016 年在泰国设立第一个"鲁班工坊"以来，截至 2023 年 10 月，中国院校与亚非欧三大洲的 20 多个共建国家院校合作建设一批鲁班工坊。这不仅是"一带一路"倡议深入推进的重要助推器，而且为中国企业提供了人才支撑，更成为我国职业教育合作办学走出去的品牌。

打造"标准化"的鲁班工坊，应做好以下六道题：

（一）输入国合作院校的遴选标准

在海外选择具备合作条件的职业院校，是推进鲁班工坊建设项目顺利实施应当做好的第一道题。

首先，应充分考虑合作院校所处的地缘背景，考虑其所在区域的政治、生态及人文环境是否优越。

其次，合作院校必须是培养应用型、技能型人才的职业类或应用型院校，且应当在所在国具有较高的办学声誉和较大影响。

此外，合作院校应具有非常强烈和积极的合作、共建愿望，且当地的产业和职业教育政策应较为优越；合作院校在场地、办学规模和办学条件方面具有明显优势，有良好的持续发展潜能，且属于国民教育序列，具有职业资格等级框架制度下的办学体制；合作院校周边具有良好的产业环境，企业数量较多，迫切需要通过鲁班工坊的人才培养，解决技能型人才匮乏的问题。

（二）合作专业的确定标准

选择双方的合作专业，是鲁班工坊持续发展应当做好的第二道题。

首先，专业的选定应以输入国的产业发展需要为主，且应是中方职业院校的优势专业或特色专业。

其次，合作院校的专业应具有较好的生源基础和办学条件，在将鲁班工坊人才培养融入国民教育序列、取得相应职业资格等级证书方面具有优势，且合作院校的办学实力和规模在当地具有较大的影响力。

最后，双方合作的专业应满足当地中资企业国际产能合作的需要，且能够解决当地的就业问题。

（三）实训场地的建设标准

对综合实训场地建设的要求与遴选，是推进鲁班工坊建设项目顺利实施应当做好的第三道题。鲁班工坊的实训场地应当体现"理实一体化"的教学要求，实施"做中学，做中教"的教学模式，一般来讲，工科实训室的面积应大于 300 平方米，数控、汽车等需要大型设备的专业的实训室面积应当不小于 500 平方米，能够容纳一个班的学生同时进行实训教学，并能根据建设目标预留相应的发展空间。

（四）输出设备与技术的国产化标准

鲁班工坊建设是以向合作国、合作院校输出国内设备与技术为基础条件的，输出什么样的设备与技术，是推进鲁班工坊建设项目顺利实施应当做好的第四道题。鲁班工坊输出的设备与技术必须是我国的国产设备与技术，必须是能够展示和代表我国相应领域先进水平的设备与技术，也应是能够代表我国新时期、新时代与国际先进水平对接的设备与技术，从而在鲁班工坊建设中能够展现中国产业的强大力量、先进程度，起到引领作用。

（五）外方教师培训与国际化教学资源的建设标准

鲁班工坊的教学过程是：由中方职业院校负责培训合作院校教师，由合作院校培养当地学生。对外国教师的培训和国际化教学资源的建设，是保证鲁班工坊教学顺利进行应做好的第五道题。在鲁班工坊正式揭牌启用前，合作院校的教师应来华参加至少 5 周的集中师资培训，培训内容应包括现代职业教育理念和应用、专业主要教学内容的重点和难点、先进设备的使用和实践课程教学等；中方院校应当制定达到国际水平且符合当地职业教育实际、满足产业需求的教学标准，研发至少 1 种综合实训类双语教材。

（六）中外校企协同的合作标准

通过校企合作，资源共建、共享、共用，使两国的优质教育资源获取最大收益，是建设鲁班工坊应当做好的第六道题。在鲁班工坊建设中，应当积极响应我国政府提出的"一带一路"倡议，与中资企业紧密合作，充分支持中资企业国际产能合作中的人力资源储备，同时与外方企业加强、加深合作关系，在推动当地就业、进行订单定向培养和实施学徒制教学模式方面达成一致，并应努力发挥合作院校的办学优势，做到双方在合作中输入与输出并行。

第二章 "一带一路"技术技能人才培养合作

国际教育合作的基础是民心相通，人才交流活动无疑是加强人才相互了解、推动合作的有效方式。因此，我国通过设置"丝绸之路"中国政府奖学金、完善"一带一路"职业教育合作办学体系、推进"一带一路"共建国家职业教师师资培训，以及建设"一带一路"技能人才联合培养机制等方式，有效推动"一带一路"技术技能人才的培养与合作，为"一带一路"职业教育合作提供有效支撑。

第一节 "一带一路"背景下国际化技术技能人才培养探析

"一带一路"背景下的国际化技术技能人才除了应具备普通技能型人才所必需的基本知识、能力和素质，还需具备解决复杂问题的综合能力、多语种跨文化交际能力和良好的职业核心素养。为了培养"一带一路"急需的国际化技术技能人才，我国高职院校应以提升综合能力为核心，深化专业课程教学改革；增开小语种和国别区域知识类课程，提高学生多语种跨文化交际能力；将核心素养教育融入专业教学，培养学生的爱国情怀和职业核心素养；积极推进产教融合，以与时俱进的精神，开创高职院校国际化人才培养的新局面。

为了深化对外开放，改善全球经济治理体系、促进全球共同发展，我国于2013年提出了共建"一带一路"的倡议。多年来，共建"一带一路"倡议得到了共建国家和国际组织的认同与支持，影响力不断提高。当前，"一带一路"建设处于初期发展阶段，其核心内容是促进基础设施互联互通、能源资源开发利用、经贸产业合作区建设等。在"一带一路"建设过程中，必然会产生大量的跨国项目，这就给中国企业大规模"走出去"带来了良好的发展机遇，也引发了共建国家对高质量国际化技术技能人才的迫切需求。然而，"一带一路"沿线近90%的成员国属于发展中国家，受经济、科技、教育水平等因素的制约，其现有的人才技术水平无法满足"一带一路"建设的需求；我国过去的人才培养体系主要是针对境内建设，培养的国际化人才大都属于"泛国际化"人才，缺少"一带一路"区域特征，尚不能满足境外建设的需要，无法突破人才输出的瓶颈。因此，国际化技术技能人才短缺成为现阶段制约企业"走出去"的主要因素。对此，《教育部 财政部关于实施中国特色高水平高职学校和专业建设计划的意见》（教职成〔2019〕5号）明确指出，我国高职院校应"积极参与'一带一路'建设和国际产能合作，培养国际化技术技能人才，促进中外人文交流"。在此背景下，探讨"一带一路"国际化技术技能人才的内涵，并提出相应的人才培养策略，具有重要的现实意义。

一、"一带一路"国际化技术技能人才的内涵

"一带一路"建设所需的国际化技术技能人才除了应具备国际视野、通晓国际规则、能够参与国际事务和国际竞争等普通国际化人才共有的特征，还要具备"一带一路"建设的基本知识、能力、素养，以及区域国际化特征。

（一）过硬的专业技能

出于当地政府的要求和对我国建设工程的期望，"一带一路"共建国家的项目执行标准往往比我国境内更高，这就要求"一带一路"国际化技术人才专业过硬、技艺高超。在专业知识领域，他们不仅要掌握理论知识，而且要了解该领域的国际发展趋势、技术前沿、产业建设的国际标准等相关知识。在职业技术领域，他们应具备精湛的操作技能，能够综合运用专业理论知识解决复杂技术问题，灵活进行多因素共同作用的生产、建设工作，能够在项目所在国的工作过程中起到技术示范作用。在技术研发领域，他们应具备一定的创新精神，能够结合当地的生产建设特征，将中国传统技术进行再开发，并在项目所在国进行推广。

（二）多语种交流能力

"一带一路"建设项目大多位于境外，"一带一路"国际化技术技能人才应具备在

工作岗位上使用外语进行技术交流的能力。由于"一带一路"共建国家众多，语言环境十分复杂，因而技术技能人才的外语能力不限于英语语言能力，还应具备应用项目所在国的语言进行交流的能力。

（三）丰富的国别区域知识

由于"一带一路"沿线是世界上典型的多民族、多宗教聚集区域，彼此在政策、法律法规、社会、宗教、文化习俗等方面存在较大差异。作为"一带一路"国际化人才，需要了解项目所在国的政策、法律法规等方面的知识，熟悉当地社会、宗教、文化习俗，理解当地居民所思所想，以便进行更深入的跨文化交流，从而顺利开展项目工作。

（四）良好的职业核心素养

职业核心素养是职业教育人才培养中的重点，旨在培养21世纪技能型人才。这一概念包括两个主要维度，即通用核心素养和职场核心素养。通用核心素养是指独立于职业岗位技能的要求，能够在各个工作领域迁移的非专业性能力。通用核心素养关注的是跨行业的普遍技能和知识，这些技能和知识对于任何职业都是必要的，如沟通、团队合作、问题解决能力等。职场核心素养是指从事某一职业所必不可少的专业岗位素养，更加专注于特定职场环境中所需的技能和知识，这些技能和知识根据不同的职业领域有所不同，如特定行业的专业知识、职业技能等。职业核心素养的培养不仅关注通用技能和知识，而且强调职场环境中特定技能和知识的重要性，通过这两个维度的培养，旨在提高个体的职业素养，使其能够更好地适应职场需求并取得成功。良好的职业核心素养有助于技术技能人才迅速适应环境的变化，在多元环境中发挥自身优势，并且能够完成复杂任务，这是"一带一路"企业开拓海外市场过程中对人才的基本要求。

（五）坚定的"中国心"

除了以上能力素养，对于"一带一路"国际化技术技能人才来说，最根本的、最重要的是拥有一颗"中国心"。这里的"中国心"指的是坚定正确的理想信念和社会主义核心价值观，拥有强烈的国家认同感、与国家民族休戚与共的责任感。在打造互联互通、合作共赢的平台时，我国的政治体制、社会主义核心价值观、民族文化不可避免地会与"一带一路"共建国家产生碰撞，这就要求"一带一路"国际化人才拥有一颗坚定不移的"中国心"，不可迷失方向。在对自己国家以及民族文化认同的基础上，才能客观看待他国的文化，博采众长。

二、"一带一路"背景下我国高职院校国际化人才培养的现状与问题

改革开放以来，高职院校为我国经济社会发展提供了有力的人才和智力支撑，但在"一带一路"建设的新形势下，我国高职院校在国际化人才培养方面仍存在以下两大突出问题：

（一）"一带一路"区域国际化人才总量不足

随着我国高新技术产业的迅猛发展，各行各业对高质量技术技能人才的需求与日俱增。但与之相反，我国职业院校专业技工类学生的招生数量以及毕业生数量却呈逐年下降趋势，这主要与我国服务业高速发展、实体经济持续低迷有关，需求的增长与供给的不足造成劳动力市场上技能型人才整体紧缺。随着"一带一路"建设的推进，技能型人才缺口更是不断扩大，"走出去"的企业需要的不仅是技能型人才，而且是高质量区域国际化技术技能人才。虽然我国的职业教育国际化已有了长足的发展，但现有的国际化人才培养体系多以中外合作办学项目为抓手，一方面是向境外院校输送学生继续求学深造，另一方面是为国内跨国企业培养应用型人才。此类人才属于泛国际化人才，不具备"一带一路"区域国际化特征，无法与"一带一路"建设的人才需求有效对接，难以填补人才缺口。

（二）"一带一路"建设人才质量有待提高

当前，我国"一带一路"建设人才普遍存在解决复杂问题能力薄弱、跨文化交际能力不强、职业核心素养明显欠缺等问题。究其根本，主要是由于我国现有人才培养体系不够科学、合理。

第一，重理论，轻实践。解决多因素共同作用的复杂问题，需要学生具有较强的综合业务能力，但我国部分高职院校在专业技术人才培养过程中仍过多地强调描述性知识，而忽视了对学生实践能力的培养。许多高职院校的专业设置僵化、孤立，过于侧重单学科教学，导致学生的跨学科创新思维与解决问题能力不强。

第二，对学生应用多种语言进行交际的能力培养有所欠缺。当前，我国高职院校的外语教学以英语为主，且多以等级考试内容为导向，以提高等级考试通过率为目标，教学内容单一，鲜少与专业知识相融合，教学方法落后，多采取"满堂灌"的传统教学模式，使得学生的英语应用能力，尤其是专业交流能力相对薄弱。此外，"一带一路"沿线许多国家不使用英语进行工作和日常交流，但我国各高职院校尚未建立完善的针对技工类专业学生的小语种语言能力和文化培养体系，因此很多毕业生不具备使用项目所在国的语言进行交流的能力。

第三，侧重专业教育，忽视素质培养。虽然高职院校普遍开设思想政治、综合素质类课程，但主要以传播理论知识为主，且专业课程与综合素质课程各自为政、拼盘式复合，导致学生无法将专业技能与核心素养有机融合，发挥其最大的使用价值。

三、"一带一路"区域国际化技术技能人才培养策略

面对"一带一路"建设对高质量技术技能人才的迫切需求，我国高职院校在国际化人才培养方面需与时俱进，转变思路，实现国际化人才培养"量"和"质"的双重飞跃。

（一）优化生源结构，实现"量"的飞跃

在生源数量持续下降的情况下，高职院校应打破思维定式，优化生源结构，扩大招生规模，从根本上解决生源数量不足的问题。

目前，我国高职院校的招生对象主要是应届高中毕业生及中职毕业生，由于大部分学生对技能型专业未来的就业环境较为担忧，对就业形势缺乏了解，报考的积极性不高。在此背景下，高职院校应开阔思路，响应《国家职业教育改革实施方案》的号召，面向社会进行招生，退役军人、退役运动员、下岗职工、返乡农民工等都是潜在的生源。生源的社会化不等于降低学校的招生标准，实际上，与应届生源不同，社会生源所具有的丰富的实践经验是一种不可替代的知识，在此基础上对其进行理论与实践一体化教育，更能将企业需求与人才的个性需求加以融合，更有利于其成长为高技能人才。但需注意的是，相关行政部门要结合国内外产业结构发展趋势和"一带一路"建设的潜在人才需求，对各领域的人才需求量做出前瞻性分析，科学统筹招生工作。

此外，高职院校还可根据"一带一路"共建国家对基础设施建设的需求，推进共建

国家来华留学生教育，为"一带一路"共建国家培养高质量的本土技术技能人才。近年来，虽然"一带一路"共建国家来华留学生数量迅猛增长，但与基础设施建设的需求相比，该规模仍有扩大的空间。对此，我国高职院校应快速启动与"一带一路"共建国家学校的合作办学项目，扩大来华留学教育规模。此外，当前"一带一路"留学生主要来源于东南亚、南亚及俄罗斯等地，而非洲、中东欧、中亚、西亚等地的来华留学生数量仍较少，因此学校应利用自身学科优势，在这些地区重点开拓生源。未来，这些留学生不仅可以投身于"一带一路"建设，填补人才缺口，而且可以在本国讲好中国故事，为加深两国相互理解、实现合作共赢贡献力量。

（二）优化人才培养体系，实现"质"的飞跃

经过多年的发展与探索，我国高职院校已基本形成具有中国特色的人才培养体系。"一带一路"国际化人才培养体系并不是要将原有体系彻底推翻，而是要围绕"一带一路"共建国家的企业对国际化人才知识、能力、素质的需求，对其进行优化、调整，建立"一带一路"专项培养计划。

第一，以提升综合能力为核心，深化专业课程教学改革。"一带一路"建设对人才专业能力的需求并不是单一的，而是综合的，因此专业课程的设置应打破传统的按学科内在逻辑组织课程的模式，应以完成生产、建设项目为目的，以对人才专业知识及核心素养的要求为中心，构建课程体系，选择有效的教学方法，突出培养学生的实践能力。

在课程设置方面，专业理论类课程设置应以满足学生工作实践需要为原则，不应片面强调专业知识体系的完整性和系统性。高职院校应增设专业实务课程，在学生学习专业知识的同时，增强实践操作培训，实现"理实一体化"，体现技能型专业教育的特点。专业之间不应互相孤立，而应打破专业壁垒，打通专业群内相近学科的基础课程，加强不同学科专业间的交叉融合，培养学生的跨学科综合能力。

在教学方面，高职院校应注重将学生的学习过程对接工作过程，将学习情境与职业环境、岗位情境、任务现场融为一体。因此，教师应打破传统的以传授陈述性知识为主的模式，改为以"工程建设情境为导向，知识传授做配合"的模式。教学不一定要在传统的教室中进行，很多专业都拥有自己的实训工作室，可在实训室内进行情境教学，这样有助于学生更好地融入职业角色。对于一些技术性较强的专业，如机械制造、交通土建类专业，学校也可以寻求合作企业，将专业课堂开在生产车间、建筑工地的一角，让学生身临其境地感受工作过程中对专业知识的需求，学生在学完理论后即可实践，在实

践中遇到问题之后，再回到理论学习中来讨论、解决。

此外，在专业理论课程模块下，除专业理论类课程外，还应开设专业英语类课程。专业英语课程与通识英语课程不同，它的教学重点不在于发展学生的基本听、说、读、写和跨文化交际能力，而是侧重于用英语进行专业上的交流。但当前大多数高职院校只开设了英语通识课，并没有把专业知识融入外语教学，导致学生在就业后无法用英语针对生产、工作上的技术问题进行交流。因此，高职院校在专业理论模块下设立专业英语课程，对于培养学生未来在学术交流或就业领域使用英语的能力是十分必要的。

第二，高职院校应开设"一带一路"系列课程，提高学生的多语种跨文化交际能力。"一带一路"建设的国际化人才除了应具有国际化人才的共有特征，还应通晓"一带一路"的区域性知识。因此，为学生增设"一带一路"系列课程至关重要。此类课程可分为"一带一路"通识类课程和国别区域类课程。"一带一路"通识类课程主要介绍"一带一路"的建设内涵、实施重点、合作机制、规则标准等，旨在引导学生深入认识、理解"一带一路"倡议；国别区域类课程可按照"一带一路"共建国家分模块设置，每个国家模块包含语言类课程和国别区域通识类课程，如泰国模块可含泰语通识课、专业泰语、泰国历史、泰国政治、泰国法律、泰国文化等课程。掌握当地语言，有利于与当地民众进行日常交流，有助于取得民众的信任，融入当地生活。许多"一带一路"共建国家为非英语国家，只有掌握该国家的通用语，才能在当地顺利开展生产建设。

除了语言，"一带一路"共建各国还有着不同的政治制度、宗教信仰和风土人情。技术技能型人才若想在当地顺利进行生产建设，与当地人交朋友，传播好中国声音，就应熟知当地的政治经济、文化风俗和人文地理等。该模块课程可设置为选修课，学生可以根据自己的兴趣、对未来职业的发展规划、与"一带一路"共建国家的学校和企业的合作项目等，选择一到两个国家的模块进行重点学习。另外，该模块的课程建设单依赖某个高职院校完成是不切实际的，有关行政部门可有效整合高校、高职院校以及科研机构，一起开发该课程平台，以线上慕课的形式供学生选择。与该平台配套，还可在线上开发"生态语言互助平台"，整合留学生和本国学生资源，建立一帮一语言互助组。

第三，核心素养教育与专业教学相融合。核心素养是"一带一路"国际化技术技能型人才急需增强的"软实力"。在核心素养中，"中国心"是根本，重点体现在学生的爱国情怀上。目前，我国高职院校已开展的思政课程为培养学生的"中国心"奠定了理论基础。但仅仅通过理论学习是不够的，各类专业课程要以符合自身特点的方式，深入挖掘课程所蕴含的"中国心"育人元素，并将其有机融入课程教学。此外，对学生职业核心素养的培养，也要融入专业教学、实践实习的全过程。例如，在学习外语的过程中，学生常需要用外语搜索信息、有选择性地去阅读信息、提炼重要信息，并将其以口头或书面的形式呈现，学生在完成这一系列任务的同时，也会提高职业核心素养中所要求的信息处理能力。

需要强调的是，在各类课程中融入核心素养育人元素，并不代表课程要"去知识化"，而是指要通过修订专业教材、完善教学设计、加强教学管理等手段，挖掘各门课程所蕴含的核心素养育人元素，并将其融入课堂教学的各个环节，实现核心素养教育与知识体系教育的有机统一。

第四，深化产教融合，推进校企协同育人。"一带一路"国际化人才的内涵是随着"一带一路"建设的不断推进动态发展的，这就要求高职院校要与中外"一带一路"企业积极展开合作，根据企业传递的人才需求信息，及时调整人才培养的规格和标准，在企业的辅助下优化人才培养策略，提高人才培养对"一带一路"产业发展需求的适应性。

此外，高职院校还应与国内外"一带一路"企业共同打造"链条式"国际化实践平台，为学生开展实践项目提供强大支撑。例如，企业可以选派名师进入学校，指导学生实践创新；企业还可以为学生提供顶岗实训机会，让学生在具体工作中感知"一带一路"企业的企业文化、熟悉工作环境、增强工作适应性，为未来"零距离"上岗就业打下深厚基础。反之，高职院校可以为企业提供教学设施，培训员工；可以为企业提供实验设备，开发新产品；也可以通过此平台，为企业开展科技咨询服务、向企业转让科研成果、选派优秀教师为企业员工进行短期培训等。

第二节 "一带一路"背景下中法职业教育合作前瞻

法国已成为中国发展高层次、国际型教育的主要合作对象之一。但是，中法教育合作发展也出现了一系列新问题，如区域发展不平衡、中法双方往来不对等、留学生跨文化能力与适应性低等。中法合作办学的相关研究多以中法合作办学项目、机构个案为例，探讨办学模式、双语教学，并以实践教学内容为主，特别是以中法工程师合作教育研究居多，鲜见宏观分析中法合作办学的总体发展趋势与政策。因此，梳理中法教育交流历史演进、认清中法合作办学的基本情况与动态，探讨新形势下中法办学的特点，对于发展中法职业教育合作与交流、实现中国高等教育合作办学改革、培育中国国际型高质量优质人才、拓宽"一带一路"倡议下中法之间的交流领域具有重要意义。

一、中法教育合作交流的缘起与演进

不同时代背景下中法两国教育文化的交流在不断深化，形成了各时期的交流特点。从中法教育文化交流的渠道、方式和内容看，中法教育交流大体经历了四个阶段：19世纪前传教士的来华教育传播；19世纪至20世纪初"洋教习"的"请进来"与官派留学；20世纪上半叶，留法勤工俭学项目与里昂中法大学的创立；中华人民共和国成立至今，现代中法职业教育合作的开启与快速发展。

（一）19世纪前——传教士的来华教育传播

自"地理大发现"后，以利玛窦为代表的天主教传教士赴华传教，进而掀开了明末清初"西学东渐"的帷幕。1610年，法国耶稣会传教士金尼阁来华传教，激发了西方青年传教士纷纷申请赴华传教，金尼阁在第二次赴华传教期间开办了"教会图书馆"。随后，在法国国王路易十四的资助下，形成了法国政府资助的第一批（1690年）与第二批（1699年）来华传教士，共计20人。据史料记载，至1773年，先后有百余名法国传教士来华，他们在中国传播了数学、天文、地理等知识。与此同时，赴法留学伴随着传教士的来华传教而出现，高类思和杨德望都是早期著名的赴法中国学者。

（二）19世纪至20世纪初——"洋教习"与官派留学

19世纪40年代掀起了第三拨外来文化传入，法国传教士不断在中国开办学校、开展教学活动，例如上海的"徐汇公学"是由法国传教士所开办的。至20世纪30年代，法国巴黎耶稣会建立了7所教育机构和博物院等，复旦大学与震旦大学的建立均与其有关。中国第一所新式学堂京师同文馆自1862年设立起便有"法文馆"，由"洋教习"任教。这些法国"洋教习"通过开办和参与新式学堂的方式，致力于西文教育，培养了众多学生，也为之后的清末官派留学提供了基础。

中国最早的官派留法学生始于 19 世纪 70 年代，以 1872 年的"幼童留学"为开端。1875 年，清代总理船政大臣沈葆桢为培养船政人才，开始选派人员赴法留学（表 2-1）。1877—1897 年，福州船政局先后四次选派中国学生赴欧留学。其中，派往法国留学的学生共 50 人，目的是学习法国先进船舶制造、洋枪制造、军器制造、算学等。除福州船政局学生赴法留学外，19 世纪末 20 世纪初，在清政府的留学政策推动下，各省和中央各部也选派学生赴欧留学，部分派往法国。1908—1910 年，赴欧留学总计 500 余人，其中赴法留学 140 人，赴法留学生分别就读于法国国立路桥学校、里昂高等商学院等，此后赴法留学主要以自费留学为主。

表 2-1 官派留法重要事件

时间	事件	赴法留学/人	赴法留学人员	目的
1875 年	为培养船政人才，选派 5 人赴英法留学	3	陈季同、陈兆翱、魏瀚	学习造船
1877 年	福州船政局选派第一批中国学生赴欧洲留学	21	魏瀚、陈兆翱、马建忠、陈季同等	学习造船、洋枪制法、国际法等
1881 年	福州船政局选派第二批中国学生赴欧洲留学	4	李芳荣、王福昌、黄庭等	学习制船、军器和火药
1886 年	福州船政局选派第三批中国学生赴欧洲留学	14	林振峰、陈清平、卢守孟等	学习海军制造、算学、万国公法等
1897 年	福州船政局选派第四批中国学生赴欧洲留学	6	丁平澜、郑守钦、施恩孚等	学习制造
1904 年	张百熙主办公派 47 名留学生	2	陈祖良、华南圭	—

（三）20 世纪上半叶——留法勤工俭学与里昂中法大学

留法勤工俭学运动是中国近代教育史上一次大规模的赴法求学运动，它以勤工为手段，以俭学为目的，开创了一条全新的留学之路，也成为大规模中法教育合作事业的开端。1912 年 1 月 1 日，中华民国临时政府成立，李石曾、蔡元培等人发起了"留法俭学会"并在北京创办留法预备学校，开设了法文、中文、数学等课程，以及中西学术演讲。"留法俭学会"共办了"两届三班"，给予当时近百名中国学生赴法留学的机会。为了应对赴法勤工俭学学生人数的日益增多，有效推动中法两国的文化沟通和交流，1916

年，中法双方在法国巴黎成立了"法华教育会"，主要联络中法学者团体，介绍中国留学生来法工作。1919 年，第一批勤工俭学生成功赴法，仅在两年内，就有 20 批赴法留学生 1 600 人，这远远高于赴欧其他地区留学的人数。勤工俭学运动使中国大批青年接触了先进工业与刚刚兴起的马克思主义，为中国的革命和建设培养了如周恩来、邓小平等大批杰出人才，此后法华教育会开始致力于更高层面的中法文化交流事业。

创立于 1921 年 7 月的里昂中法大学是近代中法教育合作的重要成果之一，在官派自费留学之后出现了一种新型留法教育形式，即在海外设立中国大学，利用法国的优质教育资源和先进的科学技术为中国培养高等研究人才和大学教授。里昂中法大学从创立到 1950 年停办期间，共有正式学生 473 人，培养博士研究生 129 名、硕士研究生 55 名、工程师 63 名。学生除了就读里昂大学，还包括里昂高等商学院、巴黎大学、巴黎政治专门学校等，朱洗、程茂兰、戴望舒、潘玉良等人是里昂中法大学培养的各领域高级人才。除了里昂中法大学，这一时期中国还开办了多所中法教育机构或研究所（见表 2-2），如北京中法大学、巴黎中国学院、上海中法工学院等，为培养中国学术人才和致力于中法文化交流做出了重要贡献。

表 2-2　近代著名中法合作院校

院校名称	起止年份/年	校务组织	学生培养	校址
里昂中法大学	1921—1951	中法双方组成中法大学协会，作为最高领导机关	不设科系和聘用教授，利用里昂大学资源培养学生，学生可以根据意愿在里昂大学所属 12 个里昂高等专门学校学习	法国里昂西郊的圣堤爱内堡
北京中法大学	1920—1950	拥有独立的校务组织与管理，且以中方为主	该校教育体系包括大、中、小三级教育，实行法国大学区制，培养了 569 名高级人才，为中国社会科学、自然科学、医学等领域提供了高级人员	北京
上海中法工学院	1921—1940	由上级主管部门中方教育部和法方的外交与技术部共同负责	上海中法工学院分为大学部和附属高中部两类，设工商两科，分电气、建筑、机械和商业四系，办学目标为培养中国技术人员	上海拉斐德路（今复兴中路）1195 号

续表

院校名称	起止年份/年	校务组织	学生培养	校址
巴黎中国学院	1921—	基本由法国汉学家根据学院章程负责各项工作,中法双方共同组成董事会	由中法两国政府建立的汉学研究与教育机构,以汉学教学为主,培养汉学人才,推广中华文化	现巴黎汉学研究所,现址位于勒穆纳天主教街

(四)中华人民共和国成立至今——现代中法高等教育合作的开启与快速发展

1964 年 1 月 27 日,中华人民共和国与法国正式建立外交关系。随后,两国在经济、文化等领域开启了一系列交流活动。1973 年 9 月,法国总统乔治·让·蓬皮杜应邀访华,中法关系步入正轨,并提出加强在文化、科技、语言教学等方面的交流与合作。1979 年,中法两国签署《发展经济关系和合作长期协定》《关于互设领事机构》《关于 1980 年至 1981 年文化交流计划》三个中法合作文件,促进了中法建交以来教育交流的进一步深入发展。

随着改革开放的不断深入,中法两国关系进入了重要的历史发展时期,赴法留学的内容由以学习语言为主转向以学习科技为主,与此同时,法国高等教育几乎所有专业都对中国留学生开放,留学生可就读于综合性大学、综合性大学工程师学院、高级技师学院等各类高校,由此,中法教育合作步入了发展的快车道。

1997 年,中法两国建立全面伙伴关系,强调在多样性世界中促进多元文化的发展。到 2004 年中法建交 40 周年之际,中法两国建立全面战略伙伴关系,双方一致认为应深化科学技术和教育文化合作,鼓励两国公立、私立研究机构和高等院校开展交流,鼓励双方加强高校和语言教学方面的合作、增加留学生交换等。2006 年,中法共同签署《中法联合声明》,双方认为应加强中法博士生学院项目的合作,扩大在生命科学、空间技术、应用数学、信息科技和环保等领域的科技合作,中法高等教育交流与合作进入了繁荣时期。此后,中法高等院校合作项目不断开办,合作规模逐渐扩大;合作形式逐渐形成了学生流动、课程流动等新形式;中法高校形成了环境、医学、航天工业等优先合作领域;攻读硕士研究生及其以上学位的人数开始大幅度上升,中法两国高校本、硕、博文凭原则对等,合作办学层次不断提高。

近年来,中外合作办学项目(理、工、商、管、医等)发展迅速,中法合作办学如雨后春笋般地出现在全国各地,合作办学项目中的法语在学人数近 4 000 人。在各高校的培养方案改革中,开设法语微专业、辅修和兼修法语等课程安排越来越普遍。此外,私营机构法语培训也开展得如火如荼,办学更加个性化,体现出层次多样、课型各异的特点。

几乎与中国同时,法国的中文教学也取得了重大突破。进入 21 世纪,法国学习汉语的人数出现了高速增长态势。2006 年,法国设立汉语督学职位,专司汉语教育工作。为了满足汉语学习的需求,法国国民教育部每年招聘 60 名中国大学毕业生作为汉语助教。从 2008 年起,中法双方签署合作协议,在法国中小学阶段设立中文国际班(SIC)项目。截至 2023 年,法国中小学共开设中文国际班 63 个,就读中文国际班的学生 2 300 多人。中文已成为法国中小学阶段的第五大外语。目前,中国教育部已累计向法国中文国际班选派中文和数学教师 570 人次。

近年来,中法高等教育交流合作在悄然发生变化。一方面,从 2022 年中法签署农业高等教育合作协议,到 2023 年共建中法航空学院,再到 2024 年恢复中法数学班,中法教育合作项目在不断增加;另一方面,随着两国高等教育交流领域的不断拓宽,合作进一步走深走实,对复合型人才培养的需求日趋迫切,"法语+专业"项目成为高考生竞逐的新目标。

二、中法职业教育合作办学的学科、学历与地域结构

随着中国对外合作办学的不断发展,建设优质合作办学项目或机构迫在眉睫,利用法国优质教育资源、多元办学体系及人才培养模式,促进中国教育国际化发展逐渐成为主流。中国开展中法合作办学的类型多样,以中法合作办学项目及非法人中法合作办学机构为主要合作形式。截至 2019 年 10 月,中国开展中法合作办学项目达 43 个、成立非法人机构共 9 所。

随着中法在政治、经济、文化等领域的密切交流与合作以及中国教育规划纲要的颁布实施,自 2012 年起,中法合作办学合作不断加强,2012—2016 年批准设立中法合作办学项目与机构达 27 个。中法合作办学特色鲜明,法方合作院校类型多样,其中包括

巴黎第一大学、勃艮第大学、昂热大学等综合性公立大学，法国国立路桥学校等公立工程师院校，法国里昂商学院、法国南特高等商学院、瓦岱勒国际酒店与旅游管理商学院等法国商学院。

（一）学科结构

截至 2018 年底，中法合作办学项目与机构涉及的学科分布情况如表 2-3 所示，中法合作办学开设本科及其以上学历的教育，涉及经济学、法学、文学、理学、工学、医学、管理学、艺术学 8 个学科。学科布局集中在工学与管理学，分别占总数的 44.4%和 33.8%，包括核工程与核技术、电子信息工程、材料科学与工程、机械工程、企业管理、工商管理等专业，其他学科开设较少。由于面临大量高质量工程人才短缺的严重挑战以及工程人才需求量的增加，工学成为中外合作办学的主要学科，加之法国拥有全球独一无二的工程教育体系，催生了中国与法国各工程师院校强化教育合作与交流的意愿，运用法国通用先进工程师的培养模式，培养中国工程类国际化人才，以满足中国现代化重大工程项目的建设与海内外投资的需要。自 2015 年以来，中外合作办学进入了质量提升的新阶段，教育部明确对于经济类、工商管理、计算机专业的审批，必须严格管控，重点支持在理、工、农、医等自然科学领域承办项目。对于一些新兴专业、前沿专业，如生物技术、生物医学、人文地理与城乡规划、核工程与技术、航空航天等，陆续在中法合作项目或机构中得到开展。

表 2-3 中法合作办学项目与非法人中法合作办学机构开设学科数量（中国专业设置口径）

学科	经济学	法学	文学	理学	工学	医学	管理学	艺术学
专业数量（项目）	1	1	2	0	17	1	22	2
专业数量（机构）	2	0	1	4	13	0	1	1
数量合计	3	1	3	4	30	1	23	3
占所有专业比例	4.4%	1.5%	4.4%	5.9%	44.1%	1.5%	33.8%	4.4%

（二）学历层次结构

表 2-4 统计了中法合作办学项目与机构的办学层次结构，中法合作办学层次覆盖本、

硕、博学历，在项目中，本科层次学历教育 22 个、硕士层次学历教育 18 个、博士层次学历教育 3 个；在 9 所机构中，有 8 所机构实施本科层次学历教育、7 所机构实施了硕士层次学历教育，博士层次学历教育暂无机构开展。根据项目与机构的三个办学层次的占比，实施本科层次学历教育的机构和项目占总数的 51.7%，实施硕士层次学历教育的机构和项目占总数的 43.1%，实施博士层次学历教育的机构和项目占总数的 5.2%。从整体来看，实施研究生层次学历教育与本科教育的机构和项目分别占总数的 50%左右。由于非法人中法合作办学机构在师资引进、资金配置、双方合作院校资质等方面较中法合作办学项目有一定优势，因而非法人中法合作办学机构的办学层次整体高于中法合作办学项目，中法合作办学的学历层次结构较为合理。

表 2-4 中法合作办学项目与机构办学层次情况

办学层次	本科	硕士	博士
项目/个	22	18	3
机构/个	8	7	0
数量合计/个	30	25	3
占所有层次比/%	51.7	43.1	5.2

表 2-5 显示，2012—2018 年，"985 工程"高校举办中法合作办学项目数由 2012 年的 6 所增加至 13 所，分别占当年（2012 年、2018 年）总数的 30%；举办中法合作办学的"211 工程"高校由 12 所上升至 2018 年的 23 所，分别占当年（2012 年、2018 年）总数的 60%和 53%；"双一流建设"高校由 13 所上升至 26 所，分别占当年（2012 年、2018 年）总数的 65%和 60%；"卓越工程师教育培养计划"高校建设在 2012 年和 2018 年的占比分别为 55%和 60%。

2012—2018 年，举办中法合作办学机构的"985 工程"院校除了北京航空航天大学中法工程师学院、上海交大-巴黎高科卓越工程师学院、中国人民大学中法学院、中山大学中法核工程与技术学院、华中科技大学中欧清洁与可再生能源学院之外，未有增加；"211 工程"院校在 2018 年增加了宁波大学昂热大学联合学院与武汉理工大学艾克斯马赛学院两个非法人办学机构；"双一流建设"高校与卓越工程师教育培养计划分别增加了 3 个和 2 个办学机构。可见，开设中法合作办学项目与非法人机构的整体办学层次相对较高，但占比发展较慢，以"985 工程"高校为代表的中国顶尖大学开设机构占比由 80%下降到 44%。此外，2012—2013 年办学项目增加幅度较大，这与 2012 年国家出台《教育部办公厅关于加强涉外办学规范管理的通知》等系列政策文件关系密切。近年来，许多地方性院校开展国际化办学，从侧面反映了中外合作办学市场需求的快速增加以及中国高等教育的全球认可度的提高。

表 2-5 2012—2018 年中法合作办学的中方高校资质情况

	2012 年	2013 年	2014 年	2015 年	2016 年	2017 年	2018 年
项目 | 机构数/个	20 | 5	29 | 5	31 | 5	34 | 6	40 | 6	41 | 8	43 | 9
"985 工程高校"数/个	6 | 4	9 | 4	10 | 4	10 | 4	12 | 4	13 | 4	13 | 4
"211 工程高校"数/个	12 | 5	17 | 5	18 | 5	19 | 6	22 | 6	23 | 6	23 | 7
"双一流建设高校"数/个	13 | 5	19 | 5	20 | 5	21 | 6	24 | 6	25 | 7	26 | 8
"卓越工程师教育培养计划"数/个	11 | 3	18 | 3	19 | 3	22 | 4	24 | 4	25 | 5	26 | 6

表 2-6 显示，中法合作办学外方合作院校 U.S.News 世界排名前 500 院校仅 4 所，分别为法国斯特拉斯堡大学、法国图卢兹第三大学、巴黎第一大学和法国艾克斯-马赛大学。这表明在中法合作办学中，外方合作院校的资质亟待提升。

表 2-6 中法合作办学外方合作院校 U.S.News 世界排名前 500 院校

序号	合作类型	院校名称	中文名称	地区	排名
1	项目	Université de Strasbourg	法国斯特拉斯堡大学	斯特拉斯堡	208
2		Université ToulouseIII-Paul Sabatier	法国图卢兹第三大学	图卢兹	248
3		Université Paris 1 Panthéon-Sorbonne	巴黎第一大学	巴黎	299
4	机构	Aix-Marseille Université	法国艾克斯-马赛大学	马赛	156

（三）地域分布

中国共有 18 个省市设立了中法合作办学项目或机构（见表 2-7）。其中，有 6 省市还设立了非法人中法合作办学机构，上海市拥有 9 个办学项目、1 个办学机构，位居 18 个省市之首。同时，上海市开设院校资质较高，同济大学、上海交通大学、华东师范大学等"双一流""985"高校位居其中；其次为北京市和浙江省，均拥有 7 个办学项目和 1 个办学机构，领先于其他省市。从区域布局来看，中法合作办学项目或机构主要集中在华东、华北地区，分别占全国总数的 50% 和 23%；华南和华中地区均有 4 个，占全国总数的 7.7%；西南地区有 3 个，占全国总数的 5.8%；西北、东北地区分布最少，占全国总数的 1.9% 和 3.8%。据统计，在 2015—2018 年新增的中法合作办学项目与机构中，开设院校的地域分布由华北、华东地区向东北、华中地区扩展。中法合作办学项目与机构的外方合作院校所在地区见表 2-8，合作次数最高的即为法国第一大城市——巴黎，中国高校共与位于巴黎的 19 所高校展开了合作办学，其次为图卢兹、里昂、克莱蒙费朗、昂热、南特等。

表 2-7　中法合作办学项目与非法人机构地域分布

地区	省（市）	项目与机构总数/个
华北地区	北京	8
	天津	3
	河北	1
华东地区	上海	10
	山东	3
	江苏	3
	安徽	1
	浙江	8
	江西	1
华南地区	广东	4

续表

地区	省（市）	项目与机构总数/个
华中地区	河南	1
	湖北	3
西南地区	云南	1
	四川	1
	重庆	1
西北地区	陕西	1
东北地区	吉林	1
	辽宁	1

注：福建、海南、山西、宁夏、青海、西藏、新疆、内蒙古、黑龙江、甘肃、贵州、广西暂无

表 2-8　中法合作办学外方院校在法国的分布频次

地区	项目	机构	地区	项目	机构
巴黎市	11	8	斯特拉斯堡市	1	0
图卢兹市	4	0	波尔多市	1	0
里昂市	3	1	第戎市	1	0
克莱蒙费朗市	3	0	南锡市	1	0
昂热市	3	1	勒阿弗尔市	1	0
南特市	3	1	普瓦提埃市	1	0
鲁昂市	2	0	佩皮尼昂市	1	0
格勒诺布尔市	2	1	贝尔福市	1	0
尼姆市	2	0	里尔市	0	1
马赛市	1	1	梅斯市	0	1

三、"一带一路"倡议下中法合作办学前瞻

法国作为世界教育强国，其经济学、管理学、工学等领域的教学和科研处于全球领先水平。对于中国高校而言，中法合作项目与机构的质量、数量已经成为高校国际地位的重要衡量标准。凭借国际合作办学提高中国高等教育质量，提高国际化水平和国际竞争力，是中国各层次高校国际化的共同需求，"一带一路"倡议的提出与践行，进一步促进了中法两国在教育领域的深度合作。中法职业教育合作既促进了中法两国文化的碰撞和融合，促进了教育理念与人才培养模式的创新，又弥补了中国高等教育资源短缺的短板，奠定了双方开展长期性、多方位合作的前景。

随着中法合作办学制度与操作模式的不断优化，新型的中法教育交流形式在不断形成。首先，中法双方放宽了个人赴法留学的签证、语言、家庭财力等条件的限制，中国公民赴法留学成为一种大众性、普遍性的交流形式。其次，自1990年起，以大学合作为主体的中法合作模式应运而生，2012年，法国陆续将多种类文凭统一纳入"学士—硕士—博士"体系，使中国各层次高校与法国的合作办学更具操作性。法国是第一个与中华人民共和国建交的西方国家，在"一带一路"倡议下，中法战略伙伴关系持续升温，给中法职业教育合作实践提供了坚实保障，铺垫了中法教育合作的稳定之路。

近年来，中法教育合作出现了对于诸如跨文化及教育本质等问题的探索，中法合作办学有了新挑战。中国在加强与法国高等教育合作的过程中，应着重推进以下工作：

（1）重点推进与法国一流院校、一流学科的合作办学，注重中国国内中法教育合作项目/办学机构的区域均衡配置，解决合作对象的高质量化和分布区域的公平问题。

（2）利用中外合作办学，引进法国高等教育多元化人才培养模式，难点在于解决法语语言学习的难题和提高法语专业课程的教学成效。如何将法语注入专业课程教学，并提高专业语言的交际能力与适应力，如何审视双语教学的实施效果与学生对法国文化的感知，已成为中法合作办学的首要课题及教学改革的重点内容。

（3）中法合作办学的核心是教师国际化，建立中外教师教学交流与科研合作的平台，切实将"双师型"教师引入合作办学中，推广中法教师"1+1+1"合作模式，保持外籍教师参与教学体系的连贯性。同时，利用"互联网+"开发AR现实技术，实施交互教学模式。

（4）积极利用第三方机构评估中法合作及其治理体系，建立多维度评价体系，致

力于教学计划、课程体系、教学设施、文化素养、职业道德、实训技能的全方位评价体系的建设。

目前，中法职业教育合作办学项目与机构历经了 2012—2018 年的高速发展后，已经进入了一个相对平缓的时期，成绩和问题共存，机遇和挑战共在。当下，应注重中法合作办学的高质量发展，科学地将合作办学与中国实际相结合，实施中国高等教育面向全球且根植本土，形成"引进—消化—吸收—融合—创新—提升"的动态发展路径。如何确保中法职业教育合作的可持续发展，需要我们进一步研究和探索，完善中法职业教育合作的治理机制，让它成为中法文化交流的经典品牌，成为两国人民互动的重要平台，为推动构建"人类命运共同体"做出应有的贡献。

第三节 "一带一路"背景下
中法职业教育合作的"跨文化"问题探讨

高等教育国际化是建设世界一流大学的主要途径和重要内容之一，促进高校之间的国际交流合作也因此成为各国高校的一项重要工作。然而，由于每个国家的文化、制度及交流人员存在差异，在高校国际合作的过程中，如何处理"跨文化"的问题，成为长期以来研究中外高等教育合作的学者关注的焦点，其研究目的在于科学地解决国际合作中的"文化隔膜"，进而更加顺利地进行跨文化对话，共建学术共同体。

高等教育合作中的深层次问题，在本质上是文化的交流，反映在师生交流的层面上，即不同文化之间的对话。不同的文化主体在追寻共同目标的合作过程中，需要跨越彼此的差异，寻求共识。而在双边合作中，了解对方、承认差异，并通过调整自己来适应对方，最终达成共识，在这个过程中，首先要做到的就是了解并熟悉对方的文化和价值取向，并与自己国家的情况进行比较和分析，以寻求最大的"公约数"。

一、高校领导者之间的跨文化沟通

2024 年 6 月 21 日，在中法教育发展论坛上，中国教育部与法国高等教育和科研部在巴黎共同举办首届中法教育发展论坛。中国教育部部长怀进鹏与法国高等教育和科研部部长西尔维·勒塔约出席论坛并致辞；来自中法两国政府、高校的代表围绕学生平衡流动和文明交流互鉴、气候变化与可持续发展等话题开展交流研讨；论坛期间，双方举行了庆祝中法建交 60 周年《中法留学·初心不变》画册首发仪式。两国有关高校在工程师联合培养、核能研究、人文社科等领域，签署了合作协议。此次论坛将有效带动双方高校合作以及学生、学者的交流。

此外，论坛期间还召开了"开启中法人文交流新征程""基础科学、知识创新与人才培养""数字经济、产业变革和工程教育"三场会议，这些会议的召开，进一步促进了中法两国高校领导者在教育和科研领域的深入交流与合作。

二、高校教师之间的跨文化沟通

（一）合作筹备阶段

要想开展和建立良好的合作伙伴关系，双方教职人员之间的交流和互访至关重要。为了提高合作的成功率，要先对合作对象进行调研，除了对合作伙伴的教育质量等硬件条件进行考量，还要对双方的差异有比较深入的了解。在中国和法国高校教师或行政人员进行互访之前，准备工作必不可少，但有时中法之间的文化差异会导致合作筹备者在某些方面的观点不同，仍然会在一定程度上影响沟通的效率。例如，时间观念作为文化深层结构中的重要组成部分，在无意识中影响了人们的观念和行为。人们在交往的过程中，很自然地会觉得自己根深蒂固的时间观念和自己使用时间的方式是理所当然的，并由此推断其他人也是如此。以武汉大学和巴黎第七大学的合作过程为例。武汉大学和巴黎第七大学计划于 2018 年 5 月在武汉大学举办"中法天空意象"国际研讨会，在这之前，双方教师一直通过邮件的方式商讨研讨会的筹备工作。从 2017 年开始，巴黎第七大学文学系教授贝纳黛特·布黎谷便开始积极地与中方教师联系，她希望能尽早确定一个详细的计划，包括研讨会的具体时间、地点、出席人物及每个人发言的主题等细节，并在之后的一年里依此计划按部就班地开展工作，但对于中方教师来说，并不习惯制订远期计划，认为计划赶不上变化，因而不能在提前一年的情况下将细节确定下来，而应该先将大致计划提出，双方各自分配工作，并在接下来的一年时间里逐步应对随时可能产生的变化。因为在中国人的时间观念里，这并非缺乏计划的表现，反而可以说这种方式对未来的工作安排的灵活性更高。

中法双方对于计划的态度，反映出中国文化环形时间观与法国文化线性时间观之间的差别。跨文化传播学的奠基人爱德华·霍尔在《超越文化》一书中，分析了各个国家的文化特点，并对它们进行了对比与分析，从而提出了某些关于"时间"的理论，给日后各国的实际交往提供了参考，产生了深远的影响。其中，有一个理论说明不同文化中使用时间的方式可以分为两种，即单向时间习惯和多向时间习惯。单向时间习惯是指将时间视为线形，就如一种可以被分段的实体，把时间分成若干段，在一段时间内只做一件事，这就是大多数法国人的时间习惯和行事方式。而多向时间习惯则把时间看作一个整体，在一段时间内可同时做多件事。单向时间习惯比较严谨，将日程、期限放在最优先考虑的位置，倾向于严格按计划行事；多向时间习惯则更加讲究时间运用上的灵活性，主张根据实际情况适时调整计划，大多数中国人就是如此。二者之间只有观念的差异，并无优劣之分。

虽然中法之间存在时间观念的差异，但因为双方始终秉持着求同存异的沟通理念和积极的沟通态度，所以最终在提前制订工作计划这方面，贝纳黛特·布黎谷教授逐步理解了中方的做法，并做出了让步。在之后与武汉大学的合作中，她不再强调提前制订详细计划的必要性，因为她已充分了解到中方在合作过程中所反映出的时间文化特点，知道提前半年甚至一年与中方制定具体安排的可能性较小，并对此表示理解，彼此之间再也没有在这个问题上产生过分歧，合作过程越来越顺畅。

（二）外事接待阶段

沟通问题除了会发生在不了解对方文化的情况中，有时双方都接触过对方的文化，却仍然会发生分歧，在外事接待方面尤其容易出现这类问题。例如，在通常情况下，按照中国自己的传统礼节，有朋自远方来，谈完公事以后，会安排宴请。但在一次法国洛林大学的副校长卡尔·汤布来武汉大学访问时，由于中方教师事先了解过法方的行程安排，发现安排得十分紧密，访问完武汉大学之后还有下一个目的地，考虑到法方教师向来讲究工作的高效率，便没有安排宴请。而卡尔·汤布由于之前与中方高校有过合作，对中国文化以及中国传统的接待客人的方式较为了解，便以为中方会安排晚宴，并做好了出席晚宴的准备。当卡尔·汤布率团参加完访问活动以后，双方才意识到自己对对方的行为做出了不一致的预测，反映出不同文化背景下的沟通应充分考虑细节。

从沟通的角度来讲，文化之间的差异，实际上是由于沟通双方在各自的符号编码方面或各自的解码方式存在差异。如果彼此对于对方的文化提前进行了详尽的了解，并且在假设对方编码或者解码方式不变的情况下，刻意地让自己去根据彼此的文化背景做出相应的改变，此时符号编码和编码规则的差异仍然存在，但沟通的过程会更加顺畅。

因此，有时即使对对方的文化背景做了详细的调查和了解，也不一定能完全避免沟通的障碍。这需要双方始终保持求同存异的沟通意愿，只有这样，才能保证彼此交往的顺利进行。

（三）教学阶段

在中法职业教育的合作交流中，合作的双方同时面临如何与具有不同文化背景的人沟通交流的问题，这一问题在教学阶段显得尤为重要。尽管存在双方大致认可的价值观与道德框架，在日常生活习惯、互动规则，乃至价值取向和社会规范等诸多方面，中法双方的师生之间仍然存在差异，例如法国的同班学生每天在课前会相互握手或行贴面礼问好，而对于中国学生来说并不习惯这种礼仪规范。当然，这种文化差异并不局限在教育领域，但这种文化差异给高等教育的交流合作带来的阻力却不可忽视。

具有不同文化背景的人们在交流时，通常在文化身份重构的过程中显现出文化反思、文化自觉、文化认同和跨文化认同四个阶段，而文化反思和文化自觉的启动，通常需要一定的契机，尤其是对成长于内向型社会的中国学生而言。在教师与学生以及学生之间的互动过程中，直面文化差异，需要建立在双方平等、互相尊重的基础之上；而在具体问题的处理上，尊重的体现往往又具有很高的灵活性。例如，巴黎第十一大学的教师帕特里克·德拉麦尔在其教学过程中，就充分展现出对多元文化的理解和把握。由于班上有法国学生和中国留学生（比例大约为 5∶1），他在市场销售这门需要很多表达和沟通技巧的课程的分组作业中，把中国学生随机地与法国学生分在一组，并在课堂上向法国学生嘱咐："同学们，你们应该感到庆幸，在这里你们不出法国就能接受国际化的教育。这是因为，来自中国的同学们和你们非常不同，这是难能可贵的学习机会，要知道，你在工作中要学会的第一件事，就是如何与不同的人打交道。当然，这一点，对于中国同学也是一样。因此，请你们珍惜彼此的合作机会。"在他的安排下，不只是法国学生从中国学生那里取长补短，中国学生也失去了惯常的"抱团"机会，可以独立地直面陌生的法国同学。而在另一门项目管理课程中，同样需要分组教学，他却没有强制要求法国学生和中国学生交叉组队，而是让大家自由组队。这是由于他认为项目管理中涉及太多细节方面的交流，如果强制中法学生组队，可能会因为沟通问题而影响最终的项目进度。他建议中国学生，如果认为自己的法语有一定困难，可以优先考虑和中国学生组队，在最终答辩评审时教师会酌情考虑。学期结束后，帕特里克·德拉麦尔教授的教学方法受到了中法两国学生的普遍欢迎，学生们在学到了知识和技能的同时，也增进了相互的了解，开始向跨文化认同的阶段迈进。

因此，在中外高等教育交流中，具有国际视野和多元文化背景的教师，将发挥重要的催化作用，加强中法双方参与教育合作教师的培训，使其在工作中能灵活地处理不同文化可能带来的问题，将更有利于教育合作的开展和成功。

三、学生之间的跨文化交流

留学生一旦踏入异国的大门并在大学里注册，就开始面对语言、生活方式、社会制度、教学组织等方面的差异。由于同时兼有外国人和学生的双重身份，应该如何应对陌生的社会环境，并以何种姿态来面对不同的语言、风俗、文化背景和社会规则，是留学生迫切需要解决的问题。柯索托对在法国留学的墨西哥学生进行了一个研究，很好地体现了在新的社会和学术环境中外国学生跨文化体验的不同方面。该研究通过半开放式访谈的模式，分析了外国学生在法国生活时的心理情况。研究表明，留学生在法国留学的初期，会存在两个困难：一个是融入法国社会时的困难，另一个是对法国教学体制的不适应。

当然，无论是留学法国的中国学生，还是留学中国的法国学生，都面临这一问题。现阶段，由于中法职业教育交流的主体是赴法的中国留学生，所以我们将从社会生活和学术制度两个方面，对留学法国的中国学生进行深入剖析。

（一）对社会生活的融入

1.生活适应

对于中国学生来说，刚刚抵达法国是一个特殊的时刻，学生往往内心充满好奇，也存在对未知的少许不安，这一经历在他们的记忆里有着重要的位置。中国学生大多成长于在国内被称为 "4，2，1" （"4" 是指祖父母和外祖父母，"2" 是指父母，"1" 是指自己）的家庭之中，与西方国家的青少年相比，中国学生长期以来是在长辈的呵护中成长的，自主性相对较弱，一直处于 "被过度保护的茧" 中。法国鲁昂大学在 2013 年对在法国学习的中国学生进行了一个调研和访谈，接受采访的中国学生们回忆了自己在法国学习生活上的困难以及家庭在其成长中所产生的影响：

在中国，由于高考的压力，中国学生在中小学阶段只需要学习，而其他事情如烹饪、清洁等都不会做，因为父母和祖父母会帮助他们。在法国，离开了家庭，中国学生必须学会独自生活，有很多东西需要学习，例如去银行建立账户、去警察局办理居留证等。在中国从没遇到过这些事，当中国学生来到法国，也不会有人教他们怎么做，因此他们必须自己做所有的事情。

媒体长期以来宣传的 "欧洲梦"，激发了大家对法国的美好想象。法国作为西方发达国家的代表，尤其是其在文化领域的杰出表现，如音乐、影视、美食等，使人们提到法国都会想到浪漫的巴黎生活。然而，生活中除了浪漫，更多的是各种琐事和麻烦，如留学生得自己去办理电话卡和宽带服务、自己打理保险和寻找住房等。对于在国内有过寄宿经历的学生来说，独立生活的压力相对较小，而对于从未离开过家庭的学生而言，这往往会极大地消耗精力，带来一系列负面的连锁反应，如部分留学生会因为找房等事情而未能按时完成学习任务，影响后期的学业等。

2.语言鸿沟

对于留学生来说，生活上遇到的问题会因为语言上的障碍而被放大。虽然大多数中国学生在前往法国之前都经历了或长或短的法语集中培训，但对于大部分学生而言，这是远远不够的。从语言上来说，学生在中国学到的法语与法语母语人士用语之间的差距，是中国学生来到法国学习时遇到的首要困难。

留学生的语言问题一般表现在以下四个方面：

（1）国内的法语培训往往是从最基本的语法学习开始的，虽然也会有部分口语对话训练，但学生所能接触到的情境仍是非常有限的。即使一些中法合作办学机构会引入法国外教参与教学，但学生与外教的交流往往以课堂上的理论知识为主，所接触的主要是所谓的 "学术法语"，基本上都是书面用语甚至某些学科或专业的术语，很难就生活中常见的句型和词语进行交流与运用。

（2）在日常生活中，法国人的语速较快，不同地区有各自的 "方言"，年轻人之间交流会使用很多俚语和流行语，这些都很难在书本中见到，这也是中国学生理解法语的一个主要障碍。

（3）在某些情境下，由于缺少非语言的交流线索，例如面部表情、手势和身体姿态，因而对中国学生的语言水平提出了更高的要求。

（4）语言和文化有着密不可分的关系，文化背景的差异会进一步加剧语言沟通上的障碍。由于中国学生与法国学生成长的环境不同，所接触的音乐、电影、文学、民间故事等文化元素也有着极大的差异，经常会出现"聊不下去"的尴尬局面。中国学生对法国常见的历史趣闻、民俗笑话缺乏了解，往往导致其与法国人的交流停留在表面，很难深入进行下去。

3.心理调适

中国留学生在新的生活和语言环境中度过一段时间之后，如果不是很顺利，这些生活和语言的问题可能会使中国留学生产生一些心理方面的不适应。另外，法国人在聚会时特别喜欢一边喝咖啡一边聊天的社交方式，对于语言难以跟上又大多性格内向的中国学生来说，无疑加剧了其孤独感以及与他人的距离感。

德·玛丁研究了包括中国学生在内的外国学生在面对"社会孤立"时对其学习成果的影响。他在 1970 年发表的研究成果中表明，外国学生远离家乡时所产生的孤独情绪，可以通过与接收国高校的接触，逐渐得到平衡，这种情绪上的平衡对其学业也会产生积极的影响。当外国学生选择用开放的心态去面对新环境，主动地去获取关于学校课程的信息、更多地参与大学活动、使自己对学校规则和教学方法更加熟悉时，往往有助于学生取得学业成功。对此，德·玛丁的结论是，接收国高校必须采取一定的措施，改善对外国学生的接待工作，加速他们与当地生活的融合。

（二）对教育体系与教学方式的适应

1.教育体系

中国学生在法国高校开展学业的过程中遇到的困难，还突出表现在对法国高等教育体系的不适应上。法国的教育系统有自己的学术制度与教学方式，与其他国家存在多方面的不同，如大学环境、教学方法和模式、教学组织、新技术的使用、教学评估方式，以及与老师、同学之间的关系等。对于一个中国学生来说，要想适应法国的大学生活，就要对法国的教育体系和教学方式有较为深入的了解。

中法两国的文化模式可以概括为集体主义与个人主义。集体主义在以中国为代表的国家中传播得更为广泛，而个人主义则在欧洲和北美等国家中占主导地位，比起集体主义的观点，他们更倾向于注重个人的意见和信仰。而在集体主义观念中，个体就像链条中的一个环节，是整体中的一部分，个体角色是通过他的从属关系来体现的，他的角色和地位是通过他在集体中的地位来赋予的。

教育体系是受文化模式制约的，而两种文化模式赋予人的社会行为往往存在较大差异，教育体系对学生的文化观念和学习习惯都会产生深远的影响。

2.教学方法

艾·克恩在 2001 年的报告中指出，法国与其他国家在教学实践方面存在一些差异。根据他的研究，外国留学生经常在适应法国高等教育体系的过程中遇到困难。对于外国留学生来说，适应法国大学里的教学组织形式，并不是一件容易的事。

中国学生刚开始在法国上课时，便会惊奇地发现，法国教师只给学生提供参考书目，并没有指定的教材。而在中国，教师会给学生选定教材或参考书目，学生根据这些资料来学习。在法国的课堂上，大多数学科的教师是以口述为主的，学生以自己做笔记的方式将教师讲述的内容记录下来。由于中国学生不太适应这种教学方式，加之存在一定的语言障碍，经常不得不在课后向法国同学借笔记来抄写，这在无形中增加了中国学生的学习负担和压力。

3.课堂表现

对于法国高校里的某些课程来说，一门课程常常有两种不同的授课形式，如 Cours Magistraux（以下简称 CM）、Travaux Dirigés（以下简称 TD）、Travaux Pratiques（以下简称 TP）。CM 的课堂与中国大学的课堂比较相似，但 TD 和 TP 的课堂则较为灵活，通常以小组为单位。在 TD 和 TP 的小组讨论中，中国学生通常不喜欢主动发言，这个被法国人称为"害羞"的特点，实际上是中国传统文化所倡导的"含蓄""内敛"等品性的表现。有学者曾对这个现象进行解释：以汉语为母语的学生在一个大群体中很少说话，是因为他们害怕犯错，害怕显得与众不同。中国一向提倡"在说话前必须先进行思考"这个准则，与其他国家的留学生相比，在同等法语水平下，中国学生确实表现得更为"含蓄"。

4.考核方式

在法国，会有两种类型的考试，即阶段性测验和期末考试。两种类型考试的分数按照一定的比例相加，得出这个科目的最终成绩。平时的阶段性测验也有很多种形式，最终都会根据学生的表现来计分，打分的形式也很多样化，如课堂参与、随堂测验、课后作业、学期论文等，都有可能作为阶段性测验的分数。有的学校则会组织定期测验，可能是写书面材料，也可能是口头介绍。期末考试通常在 6 月或 7 月举行，错过或未通过考试的学生可以有一次补考的机会。

四、促进中法职业教育合作跨文化发展的主要对策

中法两国的高等教育合作，实质上是两国高等教育机构的教职人员与学生之间的沟通与交流，因此从跨文化的角度着手寻求对策，是促进两国高等教育合作顺利推进的切入口。在跨文化沟通中，尊重是有效实现跨文化沟通的基础。不同文化背景的人有各自不同的风俗习惯、思维方式，不能以一种标准来衡量文化的优劣，双方都应该尊重对方的文化，从对方的角度思考问题。双方应从有利于沟通的角度出发，有选择性地接受对方的文化，积极地融入对方的文化，从而建立友好的合作关系。

中法双方在交流与合作的过程中，要把握好一个度，既不能完全固守本土文化，又不能放弃本土文化，而要在本土文化与对方的文化之间找到平衡点。尽管每个合作项目的形式不一样，但都有一个共同点，即成功的项目都是建立在双方成功的合作关系以及拥有基本共识的基础之上的。建立共识的过程，也是一个双方互相协调、沟通的过程。

促进中法职业教育合作跨文化发展的对策，主要有以下几个方面：

（一）高等学校的责任担当

有学者认为，高等学校要进行跨文化反思，以更好地了解、帮助他们的外国学生，高等学校应大胆鼓励外国学生参与学术研究活动，以此促进学术和文化交流的互利互惠。

在交流形式上，对于将赴法国进行深造或者参加长期交换项目的学生而言，可以在长期交流之前，以夏令营等短期访问的方式，让学生提前了解国外的真实状况，使学生直接接触真实的外语环境，增强学生学习法国文化的兴趣，从而提前开始跨文化适应的进程。在课程安排方面，课程应安排充实，语言和学科基础并重，增加专门针对学生的跨文化指导课，向学生讲解跨文化现象和机制，以及遇到问题后如何应对的辅导课程。

在文化认同上，留学生文化身份的重构过程通常可以分为文化反思、文化自觉、文化认同和跨文化认同阶段。高校应当进一步加强对学生的文化熏陶，使留学生在离开自

己熟悉的中国文化进入一种新的社会文化中学习和生活时，能更好、更全面地将中国与西方国家在文化上的异同进行比较和思考，进而将这种跨文化体验上升为对自身文化的自觉，最终实现对自我文化身份的重构。

（二）留学生的主动作为

除了从学校层面采取对策，留学生个体和学生群体更应该主动作为。

首先，中国学生在出国前，可以个人或者班级的名义，与在中国留学的法国留学生形成一对一或者多对一的学习小组，通过这些"窗口"来了解地道的法国文化。

其次，学生可以主动参加一些国际学生组织，通过各种志愿或者有偿的工作机会，增加与各个国家的人进行交流的机会。

最后，已经留学在外的学生还可以通过社交软件、网站博客等渠道，向仍未出国的学生提供各种在法国生活和学习的信息，帮助他们了解在将来的留学道路上可能遇到的问题，并且能够为此早做准备。

总的来说，随着我国综合国力和对外开放水平的不断提高，我国与法国在社会生活水平和高等教育水平之间的差异在日渐缩小。通过个人对跨文化交流理论的不断学习，在高校和学生个人两个层面采取上述的措施，将会更好地促进中法两国教师和学生顺利跨越交流合作所要面临的文化门槛。

"世界本身就是丰富的多元文化生态，每一种文化的意义都在于理解人、社会、自然之间的种种联系；每一种文化的功能都会在人类生活、生产活动、休闲娱乐、智慧思考中体现出来。每一种文化都是特定时空的产物，又都与时代联系起来，在空间中像生命一样鲜活。"在高等教育国际化的背景下，中法双方人员的交流是通过跨文化对话实现的。理解是深层次的心理活动，受制于根深蒂固的思想观念。只有建立了多元文化生态观，才能促使人们去了解自身之外的存在，有意识地进行跨文化的对话，通过保留不同之处，让彼此更加宽容、尊重；通过寻求共同之处，实现对跨文化的理解与融合，让彼此更加亲近和友善。

通过中法两国高等教育的合作与交流，实现不同文化之间的对话与理解，在差异之中求同存异，生成生机勃勃的多元文化生态是十分必要的，也是完全有可能实现的。每一种文化都有其存在的合理性和意义，都是人类文明的组成部分。认同差异、理解差异、寻求沟通、寻求融合是人类文明发展的必然要求，也是中法高校合作的必要前提。

（三）继续推进工程教育合作

中法工程教育合作是两国教育合作中的亮点。2024 年是中法建交 60 周年，为提高工程教育对科技创新、社会发展的贡献力，为使两国人文交流拥有更广阔的平台，本文提出如下建议：

第一，围绕关键技术需求，开展高层次科研合作。聚焦"人工智能+健康"、碳中和、电子信息等领域，建立科技创新中心，开展合作科研和技术转化，全面推动相关学科的发展，积极寻求中法政府的支持，形成合作典范。

第二，深化产教研融合，开启校企协同育人新模式。将全员化、全过程、全覆盖的校企联动融入办学基因；进一步深化与各大国际化企业的合作，从课程、项目、实习等方面出发，借助良好的校企合作平台与跨学科平台，创新技术合作和人才联合培养机制，打造一批校企联动国际化工程人才培养的典范。

第三，全面开展与法国高校间的人才交流。加强学者间的互访和学术交流合作，持续推动学生交流交换项目；与更多法国一流高校建立全面合作关系，发挥高校在教育文化交流中的核心作用，为中法高等教育合作与文化交流注入新动能；建设学科多元的师资队伍，吸引具有不同文化背景的教师，为学生提供多元化的教育资源和视角。

第四节 "一带一路"技术技能人才培养合作策略

一、打造"一带一路"职业教育留学计划

设立奖学金是吸引人才、促进交流与合作的有效路径。近年来，我国积极设立"丝绸之路"中国政府奖学金吸引优秀技能人才，开展文化交流以及学历留学等丰富多样的留学生培养形式，在培养过程中完善全链条的留学人员服务体系，逐步提高来华留学生人才培养的质量，在与"一带一路"共建国家合作的"引进来"阶段，逐渐产生国际影响力，形成良性循环。

（一）设立"丝绸之路"中国政府奖学金

为落实《推进共建"一带一路"教育行动》中关于实施"丝绸之路"留学推动计划的要求，"丝绸之路"中国政府奖学金于 2017 年正式向"一带一路"共建国家开放，旨在鼓励共建国家的优秀青年来华学习，培养出色的技术人才。我国高职院校在"一带一路"倡议的战略背景下，设立了很多境外院校，招收了近万人的全日制留学生，为我国企业的国际化发展提供了众多人才，很多教育理念和制度也得到了国际认可，产生了广泛的国际影响。

（二）提高来华留学人才培养质量

我国紧贴"一带一路"共建国家的产业结构、技术革新要求及人才培养需求，培养合作国急需的专业技术人才，以加强合作国的基础设施建设。例如，苏州市职业大学针对巴基斯坦缺乏机电相关行业专业技术人才的现状，与巴基斯坦签订合作协议，开展面向巴基斯坦优秀学生的文化交流项目、学历留学项目，以及面向政府工作人员与知名企业技术员的中短期培训项目。苏州市职业大学根据参加来华项目的巴基斯坦学生的基础，设置了"三标准、四模块"的课程结构，培养与需求相匹配的人才。

（三）完善全链条的留学人员管理服务体系

随着我国高职教育国际化的不断推进和发展，目前，我国在构建全方位、多角度的国际化人才培养体系方面进行了一系列探索，在来华留学生的招生录取、课程资源、师资队伍、学习交流等方面取得了一定的成效。但需要指出的是，在"一带一路"共建国家来华留学生人数连年增加的背景下，对于"丝绸之路"奖学金生的培养仍然存在资助标准单一、缺乏针对性等问题。在未来，对于"丝绸之路"奖学金生的培养，需要建立更加健全的奖学金管理制度，增设中国文化体验项目，着力培养更多亲华、友华的人才，更好地发挥教育的"软力量"。

二、推进"一带一路"共建国家教师的师资培训

教师在教育教学过程中发挥着重要作用，因此提高教师质量对于人才培养具有重要意义。我国通过孔子学院和鲁班工坊构建的"一带一路"跨文化师资培训体系，已初见

成效。伴随着企业"走出去"的步伐加快，我国多所职业教育院校集聚了优质的职业教育资源，对接了一些地方产业，为培养优质的技术技能人才提供师资培训，逐渐形成了一批高质量、国际化的"一带一路"国家职教师资。

（一）构建"一带一路"共建国家跨文化师资培训体系

中国的"一带一路"倡议为共建国家带来了重大的发展机遇，更好地响应这一倡议，并为相关国家的发展提供人才、技术和知识资源，是摆在我国高职院校面前的任务，其中涉及跨文化交流与培训的内容。为此，我国教育机构建立了跨文化师资培训体系，并取得了初步成效。

我国跨文化师资培训逐步形成了两个体系。第一个体系是普通高等院校通过在共建国家建立孔子学院，进行系统性的基础理论培训。截至 2019 年 12 月，我国在全球 162 个国家和地区建立 550 所孔子学院和 1 172 个中小学孔子课堂，建立了以汉文化为主要内涵的跨文化师资培训机制，取得了部分成果。另一个体系是由我国高职院校与共建国家的教育机构联合在海外设立的鲁班工坊，它采用产教深度融合的方式，推动我国职业教育成果的全球共享。鲁班工坊的实训设备由企业投入建设，技术培训工作由相关院校与企业共同完成，实现师资、资源两个"一流"目标。

（二）提供"一带一路"共建国家急需的职业师资培训

在"一带一路"倡议的背景下，中国企业"走出去"的步伐不断加快。伴随着企业走出去，广西壮族自治区高职教育紧跟"一带一路"建设的步伐，集聚优质的职业教育资源，对接地方产业、企业的国际化战略，为培养优质的技术技能人才提供师资培训。柳州铁道职业技术学院设立的印度尼西亚高速铁路职业教育师资培训班，为来自印度尼西亚 3 所院校的教师开展了为期一个多月的培训，举办了 6 期泰国轨道交通职业教育师资培训班，为泰国 12 所院校培训教师 89 人。与之类似，莫桑比克职业院校主要通过校企合作，发展教师培训的"订单式"模式。在校企合作的情况下，运用"订单式"模式对教师进行培训，不仅要对企业的用人实际需求进行充分考虑，而且要运用校企合作的方式，对企业进行深入调查，了解企业所在地的详细情况，设立专门的订单班。在设置订单班课程的过程中，高校设置的课程不仅要具备专业性，而且要具备针对性与职业性。

（三）打造高质量、国际化的职教师资

2020 年，我国入选教育部高职院校"双高"建设名单的 56 所高水平学校全部开展了不同形式的国际化合作项目，高职教育国际化逐步由单向的教育资源引进向着引进和输出并举发展。高水平的国际化师资队伍建设是高职院校"走出去"办学的前提，没有良好的师资队伍，就难以保障"走出去"办学的竞争力和可持续发展。尽管各高职院校的国际化师资队伍建设的方式和特点有所不同，但其所面对的问题具有共性，即国际化师资队伍建设。

面对这个问题，首先，应有的放矢，明确国际化师资的能力标准，包括专业能力、项目管理和课程开发能力、外语和跨文化沟通协调能力等。其次，应多方引进和选拔人才，加强国际化师资队伍的储备；应完善和强化激励措施，稳定国际化教师队伍。最后实施需求导向，提高国际化师资培训的质量。

云南省高职院校以教师发展为中心，建立并完善教师培训制度体系，实施系列化教师培训项目，分层分类培养教师梯队，其主要措施有以下方面：

（1）建立国际化职教师资培训基地，加大政府统筹力度，深化产教融合，以专业群为基础，加强与周边国家高校的对口交流，对接共建国家的支柱特色产业。

（2）实施教师能力提高培训工程，建立教师常态化培训机制，依托海外职教师资培养培训基地，通过组织教师参加职教国培、省培、校培等培训项目，提高教师的教学能力。

（3）实施骨干教师素质提升工程，每年遴选优秀骨干教师赴南亚、东南亚国家进行交流学习，促进青年骨干人才迅速成长。

（4）实施专业带头人海外培育工程。

在《区域全面经济伙伴关系协定》的背景下，我国各职业院校按照"引进来、走出去"的国际化教育合作项目的基本原则，依托各职业院校的专业技能优势，与各经济伙伴成员国之间建立以人才培养、师资共建、科研创新、技能培养为目标的国际产教联盟。依托国际产教联盟平台，我国的职业院校教师可以通过参与出国培训、专业访学、国际化学生竞赛指导的方式，在国际平台上交流专业知识与技能，从而有效推动师资的跨境流动，提高教师的国际化实践能力。

三、创新"一带一路"技能人才联合培养机制

随着"一带一路"倡议的推进和发展，职业教育合作交流的国际合作路径不断拓宽，我国技能人才的联合培养机制得到有效创新，具体体现在实现国外人才培养模式的本土化融合，探索"引进来"与"走出去"相结合的联合人才培养模式，以及开展多主体、多形式、多层次、多阶段的人才联合培养模式等方面。

（一）国外人才培养模式的本土化

中法两国在高等教育和科研领域的合作已有一个多世纪。法国高等教育署的数据显示，2021—2022 年，超过 2.7 万名中国学生在法国留学，中国学生成为法国第三大留学生群体。随着国际流动的全面恢复，这个数字还将继续递增。

当前，随着中国经济的高速发展，特别是先进制造和人工智能等高科技工程领域的快速发展，我国需要越来越多的创新型工程人才，这对工程人才的培养也提出了更高的要求。工程教育是中法教育合作中最活跃、最富成效的领域。法国在 2005 年完成了"358学制"改革，使法国的大学文凭与欧洲、国际接轨，为法国高等教育的国际化进程做好了充足准备，特别是法国高等教育引以为傲的大学校精英教育体系，成为其推进高等教育国际化进程不可多得的优质教育资源。在共同需求之下，中法两国自 2005 年起开展中法合作办学，重点集中在法国精英教育体系的大学校，特别是工程师学校。2005 年，北京航空航天大学与法国中央理工集团合作成立了北航中法工程师学院。截至 2021 年，中法合作办学机构已达 18 个，法国也因此成为与中国合作办学的第三大国。

多年来，中法在教育领域的合作硕果累累，中法合作办学形成了两国教育合作发展的有效路径。

中山大学是中法近百年来密切交流合作的重要"接口"之一。1920 年春，当时的国立北京大学、国立广东高等师范学校（中山大学前身）及法国里昂大学合作筹备成立中法大学；1957 年，中山大学法语专业设立，是我国中南、华南地区最早成立的法语专业；中山大学与法国近 30 所高校和科研机构建立了合作与交流，自 2018 年至今，中山大学与法方的合作科研项目共有 8 个，合作领域集中在医疗健康、生物技术、环境与资源方面。法国总统马克龙在中山大学发表演讲时表示，希望继续加强中法两国高校合作，依靠学术和教育交流，促进中法相互理解、向前迈进。

上海交通大学巴黎卓越工程师学院成功实现了中法工程教育模式的融合与创新，多年来，以人才培养为基础，学院向世界输送了数百名精通三语、通专兼备、具有全球视野的卓越工程人才，以良好的全球胜任能力活跃在世界舞台，为中国乃至世界高等工程教育的创新发展贡献了力量。

东南大学则以科研合作为核心，与法国雷恩第一大学、法国国家健康与医学研究院等联合共建中法生物医学信息研究中心。在各方的不断努力下，研究中心已成为中法科技合作的成功典范。此外，东南大学与雷恩第一大学于 2017 年共同成立了东南大学雷恩研究生学院，开展硕博阶段的高层次中法合作办学，探寻中法高等教育的科研合作之路。

宁波大学一贯重视与法国高校的交流合作，建立宁波大学昂热大学中法联合学院，与法国勃艮第-弗朗什孔泰大学合作举办临床医学博士生项目。学校更以中法合作为重要基石，积极探索国际化办学提质增效的有效途径，搭建国际科技平台、国际政产学研平台、全球治理平台，开展国际科技合作，引进高端外国专家，鼓励学生赴国际组织实习，牵头成立中国-中东欧大学体育教育与研究联盟，承办"建行杯"第七届浙江省国际"互联网+"大学生创新创业大赛——中国-中东欧青年创新创业论坛等。

（二）"引进来"与"走出去"相结合的联合人才培养模式

1.新时代教育合作硕果累累

留学生是两国友好交往的使者，在促进两国政治、经济、文化等各领域友好合作方面，发挥着重要作用。

在法国波尔多街头，常常可以看到一位身着传统中国服饰的女孩，用手中的小提琴演奏着一首首动人的中国乐曲。她叫毛聆玲，就读于法国波尔多音乐学院。在多年的街头演出中，她遇到过专业的舞者、歌手、吉他手与她即兴合作，遇到过白发苍苍的老奶奶通过手机和爱人分享她的演出，还有一位在中国生活过 5 年的母亲因她的乐曲潸然泪下。中西文明在毛聆玲的一次次街头演出中相遇、交融，并以独特的魅力感染着每一个观看演出的人。

曾在武汉大学就读的法国留学生勒黑波妮深深沉醉于武汉这座将古老与现代融为一体的"魔法"之城。她在武汉老街菜市场感受熙熙攘攘的人间烟火，在武汉美术馆学习中国水墨画的悠久历史；她也会通过"游湖北"客户端进行景区预约、购票，并熟练掌握一切生活必备的互联网技能，如外卖点餐、网络购物、扫码付款、共享单车、就医预约等。身处武汉这个经济繁荣且历史悠久的文化名城,她一边体验着年轻人时尚的潮生活,一边感受着底蕴浓厚的江城文化。

2014 年,中法两国政府正式设立高级别人文交流机制。如今,该机制在各领域内均取得了丰硕的合作成果,为加快推动双方教育、科技、文化、卫生、新闻媒体、旅游、体育等各领域的人文交流,增进两国人民友谊,促进双边关系发展发挥了积极作用。两国教育主管部门还设有中法教育混委会,定期召开磋商会议,规划教育合作。两国还签有高等教育学历学位互认协议,为两国学生的交流和校际合作奠定了良好基础。

语言相通是文化交流、文明互鉴和民心相通的重要载体。随着中法两国交流的日益深入,两国在语言教学领域的合作日益密切。今天,中文已成为法国的第 5 大外语,有 4 万多法国学生学习中文。法国本土及海外各省共建有 62 个中文国际班、18 所孔子学院和 1 个孔子课堂,中文学习已经覆盖了法国从基础教育到高等教育的各个学段,是全球中文教育本土化程度最高的国家之一。同时,据不完全统计,中国有 9 所中法双语小学约 2 万名中小学生把法语作为必修课,170 余所中国高校开设了法语语言文学专业。

21 世纪初,中法两国在教育国际化的浪潮中开启了高等教育领域的合作办学之路。经过近 20 年的发展,中法合作办学机构在两国政府的大力支持下,已然成为两国高等教育合作的一种成功模式,也是传播优质教育的媒介和中外合作的优秀典范。除设立实体办学机构外,两国高等院校还依托各自优势学科或专业,积极探索项目制合作办学方式,共同培养各领域的优秀人才。

其中,中法工程教育合作是最活跃、最富成效的领域。2004 年 11 月,作为中法两国建交 40 周年的合作成果,北京航空航天大学与法国中央理工大学集团签订了共同创建北航中法工程师学院合作备忘录,北航中法工程师学院也成为改革开放以来第一所中法合作的工程师学院。20 年来,学院已招收近 2 200 名本科生和 1 500 余名研究生。在这些毕业生中,有人支援非洲地区基础设施建设,为"一带一路"共建国家发展建设提供支撑;有人参与中国 C919 大型客机的研发,为中国大型客机的全球供应链建设及对标国际通航标准贡献力量;也有不少人投身生物医疗、电力交通等领域的科技合作中。

2.迎接中法教育合作新的春天

法国是最早与我国开展教育交流的西方大国之一。中法两国在教育理念、教学方法、学科研究等方面都有着独特的优势,双方的合作有助于推动教育的创新与发展,培养更多具有国际视野和创新能力的人才。

近年来,中国教育对外开放的步伐不断加快,在中国积极推动与国际社会的教育交流与合作的过程中，中法间的教育交流与合作发挥着积极的作用。这些合作不仅有助于提高两国教育的质量和水平，而且为两国人民的相互了解和深厚友谊播下了种子。随着中法全面战略伙伴关系的不断深入，教育合作也将成为双方合作的重要领域之一，为两国的共同发展注入新的动力。

2024 年是中法建交 60 周年，在这个承前启后、继往开来的特殊年份，我们更要传好历史的接力棒，为两国的教育交流与合作赋予新的时代内涵。当前，世界正处于大发展、大变革、大调整的新时期，中法两国也面临着新的发展机遇和挑战，更要加强两国之间的教育交流与合作，共同探索新的发展路径和合作模式。

中法双方将在高级别人文交流机制下，进一步密切教育领域的高层互访，增理解和互信，共同进行教育合作的顶层设计和规划，为更多优秀的法国学生和学者来华交流学习创造更加良好的环境和条件。双方将办好更多教育合作项目和活动，共同实施好"蔡元培博士生交流项目"，加强对两国高层次人才的培养。此外，中法双方应共同办好"中法中学生数学交流活动""中法学生同上一堂语言课"等活动，为两国青少年的交流搭建平台，进一步扩大合作规模，从而推动两国学生交流和教育合作水平迈上新台阶。

3.中国国际学校"走出去"，促进共建"一带一路"

随着"一带一路"建设的推进，共建国家华侨华人和企业外派人员对于学历型中文基础教育的需求愈加迫切，依托坚实的基础教育国际教育实践经验，在"一带一路"共建国家建设具有中国特色的海外中国国际学校恰逢其时。

促进海外中国国际学校建设，一是加快凝聚海内外华语各界人士共识，构建"中国标准、共商共建、广泛认可"的海外中国国际学校体系，依托中外友好互利合作关系，利用多方资源获取支持，推动海外中国国际学校纳入"一带一路"倡议等政策体系；二是建立海外中国国际学校建设和协调机制，在专项资金方面加以支持，建立长效机制，共同推进海外中国国际学校建设，有效指导学校的教育教学工作；三是尽快出台建设海外中国国际学校的指导意见或法律法规，为开展海外学校办学事业提供明确的依据和指导；四是发起多方力量，充分挖掘和利用我国现有的国际教育资源，鼓励各类在华国际学校"走出去"办学，拓宽中外合作办学形式，争取当地政府或民间力量的资助；五是加强教师、教材、教法资源的筹备，海外国际学校主要依靠自身力量开发课程，我国尚未集合国内专家力量开发一套能够代表中国基础教育水平、适合海外群体，并被国内外大学广泛认可的课程体系。应鼓励国内师范类院校开设海外国际学校需要的各类教师培养项目，开发兼顾中国特色与地方特色和全球性的课程及教材，重视创新教学方法。

海外中国国际学校的建设，对我国具有重要的战略意义。建设海外中国国际学校，有助于促进"一带一路"建设，保障随迁子女的教育权利；有助于促进民心相通，满足日益增长的国际中文教育需求；有助于应对国际人才竞争，寻求更加广泛的国际人才培养新方案；有助于更好地参与全球教育治理，分享中国基础教育经验。推动国际教育的发展，不仅是我国教育对外开放的重要手段，而且是我国在世界舞台上发挥更大影响力的有效途径。

（三）开展多主体、多形式、多层次、多阶段的人才联合培养模式

1. "政行校企"联合申办海外大学

行业在办学过程中所起的牵头、政策协商以及各方资源整合协调的作用不容忽视，由中国有色金属行业联合国内多所高职院校在赞比亚成立的中国-赞比亚职业技术学院，就是这一类型的典型代表。虽然同属于校企合作联合申办海外大学的模式，但是这种办学模式在主体上比单纯的校企合作多了一个行业协会领导的作用。"政行校企"联合申办海外大学这一模式的最大优势在于，该模式可以协同多方力量，尤其是行业协会的领导作用，使得这一办学行为极具中国特色。这种"集中优势，抱团成行""行业协会领导+多校+多企业"联合模式的好处是，可以汇聚合作院校的优质教育资源，形成强强联合、优势互补的合作共建机制和职教联盟平台，形成抱团互利互惠的工作机制。

2. 政府统筹下的多主体人才联合培养

"一带一路"倡议为中国积极参与全球化合作、构建命运共同体、促进各国繁荣发展创造了良好条件，也为中法职业教育合作带来了新的机遇，构建中法职业教育共同体成为新时代中法职业教育合作新的使命和方向。基于教育援助的视角，中法职业教育的国际合作呈现不同于其他国家的合作特点，主要有以下三个方面：

（1）政府统筹主导下对非职业教育的援助与合作。

（2）高职院校自主参与的中法职业教育合作。

（3）通过校企合作进行的职业教育合作。

（四）发挥海归人才在"一带一路"建设中的支撑和服务作用

人才是驱动发展的核心要素。自"一带一路"倡议提出以来，国家各部委相继开展各类"人才行动"，如发改委、外交部和商务部联合发布《推动共建丝绸之路经济带和21世纪海上丝绸之路的愿景与行动》，提出扩大相互间留学生的规模，开展合作办学，

中国每年向共建国家提供 1 万个政府奖学金名额；深化共建国家间的人才交流合作。教育部印发《推进共建"一带一路"教育行动》，提出开展人才培养培训合作，包括实施"丝绸之路"留学推进计划、"丝绸之路"合作办学推进计划、"丝绸之路"师资培训推进计划，以及"丝绸之路"人才联合培养推进计划。

海归人才在专业技术、创新创业、国际视野、中外交流等方面，具有独特优势，在"一带一路"建设中可以起到智囊、桥梁等作用。党的十八大以来，在我国各类出国留学人员中，超过八成留学人员在完成学业后选择回国发展，迅速扩大的海归群体已成为新时代我国"一带一路"建设人才队伍的重要组成部分，尤其是留学于"一带一路"共建国家的人才，对促进我国与当地的合作、交流做出了重要贡献。

一方面，海归人才可充分发挥自身跨文化沟通的优势，能够帮助我国企业减少与"一带一路"共建国家的交流障碍，并对已经出现或可能出现的危机、挑战及时提出预防和解决方案，降低中国企业的海外投资风险，提高企业的运营效率。同时，海归人才可利用在留学国家的人脉资源，吸引更多优秀外籍人才来中国就业、创业，能有效帮助中资企业结识更多合作伙伴，增进中资企业与外资企业间的了解，实现中资企业更好地"走出去"、将外资企业更好地"请进来"。

另一方面，海归人才凭借其国际视野和创新精神，在"一带一路"共建国家创立了一大批新兴企业，带动了当地就业。很多来自"一带一路"共建国家的来华留学生学成归国后，利用所学的知识和技术，结合当地的实际情况，将中国发展经验应用于实践，大大促进了当地经济的发展。

第三章 "一带一路"沿线职业教育援助

自"一带一路"倡议提出后，我国对外职业教育援助成果丰硕，主要体现在如下几个方面：职业教育援助的理念不断成熟，职业教育援助的范围不断扩大，职业教育援助的方式更加丰富，职业教育援助资金来源更加多元。

第一节 职业教育援助的内涵与特点

职业教育援助是我国在"一带一路"倡议的背景下承担国际社会责任的重要表现。结合职业教育援助门槛低、实用性强、范围广等特点，"丝绸之路"教育援助计划指导下的教育援助成为中国对外精准扶贫的有效手段之一，对于帮助"一带一路"共建国家摆脱贫穷、走向繁荣具有重要作用，对于提高中国的国际影响力也有重要意义。

一、职业教育援助的内涵

在"一带一路"倡议下，中国秉持和平合作、开放包容、互学互鉴、互利共赢的理念，以"一带一路"共建国家为据点，以文化和教育为抓手，以教育援助为手段，走向全方位、多层次、宽领域的国际化教育。"丝绸之路"教育援助计划是《推进共建"一带一路"教育行动》的引领性举措。我国学者陈莹认为，国际教育援助应包含以下几个特征：

（1）援助的主体和客体大多为主权国家、国际性组织或非政府组织。

（2）援助方式为有偿或无偿，如捐赠、低息贷款、技术支持等。

（3）援助的内容主要集中在教育领域或与教育有关的资源，包括人力资源开发、援建和捐赠教育设施、教育贷款、奖学金等。

（4）援助的目的是帮助受援国改善教育等公共福利，并最终促进受援国的经济社会发展，解决全球性问题。

职业教育援助作为国际教育援助的重要领域，也是中国承担国际社会责任的重要表现，不仅展现了中国与共建国家不断拓展人文、教育交流广度和深度的决心，更是构建互联互通的"一带一路"、打造"人类命运共同体"的应有之义。中国实行对外职业教育援助，无论是对"一带一路"共建国家，还是对中国自身来说，都是一个互利共赢的合作战略。

二、职业教育援助的特点

从教育援助的角度来看，职业教育援助具有门槛低、实用性强、范围广等优势，有助于推动"一带一路"共建国家社会发展和教育事业的进步，提高其自主可持续发展能力，减少对外部的依赖。"一带一路"共建国家大多受限于地理环境、历史和现实等因素，其社会经济文化发展程度有限，人口普遍受教育水平低，通常存在教育普及与提质之间的矛盾，且因经济发展的迫切性以及教育自身具有的时长久、投入高、见效慢等特点，政府和有关部门往往局限在先经济后教育的传统发展观念中，教育资金投入少，缺乏统筹规划与顶层设计，导致出现教育资源分布不均、教育公平问题突出、教育发展滞后等现象。职业教育援助则充分运用职业教育与培训"重技能、周期短、见效快、针对性强"的特征，根据"一带一路"共建国家的具体产业布局、产业规模、产业需求及当地人力资源状况等，开展有针对性的教育与培训服务，有利于促进当地人力资源开发和人口技能的提高，推动当地经济发展和社会稳定。

从职业教育的角度来看，职业教育援助既有助于推动"一带一路"共建国家职业教育的发展，又有助于提高我国职业教育的国际影响力。我国目前已建立起世界上最大的职业教育与培训体系，为国家和地方的产业发展提供了有力的人力资源支撑，尤其是在轨道交通、电子商务等发展迅猛的行业中，有70%以上的新增技术技能人才来自职业院校。与"一带一路"共建国家相比，我国在职业教育方面存在显著的发展优势，可传输大量的优秀职业技术人才、知识与设备到发展中国家，以"先进生带动后进生"的方式，推动当地的职业教育发展，将人口压力转化为人口红利，从而促进当地的社会经济发展。

从市场发展的角度来看，职业教育援助既提高了发展中国家或欠发达国家青年的职业胜任力和就业竞争力，使其获得生存技能和就业机会，从而摆脱贫困，促进社会经济发展，又有助于满足我国"走出去"企业对当地优秀人才的需求。

根据各个时期不同的援助理念，教育援助可分为四个阶段，即功利主义阶段、反思调整阶段、"援助有效性"阶段和"发展有效性"阶段，我国的对外援助理念当前已进入"发展有效性"阶段，更多地聚焦于"一带一路"共建国家的可持续性发展。大多数"一带一路"共建国家，如非洲的一些国家，在今后很长一段时间内面临的巨大困难依旧是解决温饱和生计问题。"授人以鱼不如授人以渔"，中国对"一带一路"共建国家实行职业教育援助，将谋生的"技艺"教授给当地青年，使其能更好地对接市场需求，不仅缓解了当地的供需矛盾，而且能让当地更多的优秀人才加入中国企业。

综上所述，"一带一路"教育援助职业教育的特点是通过提供先进的教育资源和培训，形成国际品牌效应，深化与企业的合作，构建合作网络，注重本土化和区域性合作，从而为"一带一路"共建国家培养技术技能型人才，促进区域经济发展和人文交流。

紧密围绕"一带一路"建设和合作国家产业发展需求。教育援助不仅提供先进的实训设备和课程，而且传授中国开发的教学资源和国际化专业教学标准，旨在培养熟悉中国技术、了解中国工艺、熟知中国产品的技术技能人才。这种做法填补了一些国家没有高等职业教育的空白，确保当地青年学子和职教师资能够获得必要的技术技能培训。

形成职业教育国际品牌，如鲁班工坊、丝路学院等。这些品牌不仅在人才培养、师资培训、技能培训、人文交流、服务国际产能合作等方面发挥了重要作用，而且持续向世界展示中国职业教育国际化办学品牌，扩大其在国内外的影响力和吸引力。

深化与"走出去"企业的合作。中国职业教育通过依托境外办学点，不断深化与"走出去"企业的合作，按照企业需求制订培训计划，开发具有针对性的技能培训包，选派教学经验丰富、实践能力强的专业教师开展员工培训，为"一带一路"建设培养一大批本土化的企业管理人才和技术技能人才。

构建职业教育联盟和合作网络。通过聚合国内外优质职业教育资源，组建了多个职业教育联盟和国际合作联盟，如世界职业技术教育发展联盟、中非职业教育合作联盟等，这些联盟在人才培养、技术交流、师资培训等方面发挥了重要作用，促进了职业教育资源的共享和优化配置。

三、法国对外职业教育援助的动因、实践与特征

法国是对外援助大国，在国际援助体系中占有举足轻重的地位。2018 年，法国的官方发展援助总金额达 103 亿欧元，总规模居世界第 5，位于美国、德国、英国及日本之后。教育与培训是经济社会发展的基础，教育援助是法国对外援助政策的优先事项之一，每年约有 15%的援助资金投入教育领域。职业教育担负着促进就业、推动经济发展的使命，是阻断贫困代际传递的有效路径，因此在法国教育援助政策中处于重要地位。2017 年，法国政府颁布《法国对发展中国家教育、职业培训和就业的行动战略 2017—2021》，确定了这一时期职业教育援助的总体目标与政策框架。据法国开发署 2018 年的统计数据，法国开发署投入职业教育的金额占所有教育援助金额的 20.3%。经过数十年的援助实践，法国不断提高职业教育援助的有效性，形成了较为完善的职业教育援助体系，有效地提高了法国的国际影响力。

（一）法国对外职业教育援助的动因

法国对外职业教育援助的动因复杂，不仅追求国际权力和经济利益，而且出于道义考量，政治、经济、道义这三个维度的动因共同推动法国开展对外职业教育援助。

1.政治动因

开展对外职业教育援助，有助于提高法国的国际影响力。近年来，国际社会力量发生了深刻变革，随着新兴市场国家的崛起，法国的国际地位面临威胁。法国开始奉行"影响力外交"政策，通过对外援助输出法国的语言、文化与价值观，以求稳固法国的国际影响力与国际地位。教育通常被看作外交政策的第四维度，职业教育援助是法国"影响力外交"政策下的重要手段。法国希望通过输出职业教育理念、模式、资源等援助形式，巩固与其他发展中国家的国际关系，并与法国的科技、文化等外交政策相配合，对受援国施加多方面的影响，培养受援国人民对法国的认同感，进而提高法国的国际影响力与辐射力，实现国际利益最大化。

2.经济动因

职业教育是与经济发展联系最为密切的教育，开展对外职业教育援助，能够维护和拓展法国的经济利益。从发展中国家，尤其是非洲法语国家，进口原材料，并出口商品与服务，是法国在海外的核心经济利益之一。法国希望通过职业教育援助，为受援国的

年轻人提供职业技能培训，与对外经济贸易的外交政策相配合，拓展海外进出口市场。一方面，法国从受援国亟待发展的电信、矿业等行业或经济发展支柱产业入手，提供相应的职业教育援助，以满足当地市场的劳动力需求，从而控制能源和原材料供应以及商品输出市场；另一方面，法国通过提供职业教育和培训，可以培养出符合法国价值观和法国企业精神的当地劳动力，帮助更多的法国企业入驻。目前，超过1/3的法国出口企业在非洲开展业务，1 100余个法国企业集团在非洲建立了2 109个分支机构，为当地创造了大量就业岗位。输出职业教育能够增强法国企业在当地的竞争力，进一步提高法国与当地经济发展的融合程度。

3.道义动因

法国提供发展援助的道义动因往往被低估，客观来说，法国对外援助的动因不能简单归结为追求国家利益，在全球范围内消除贫困和不平等现象是一种道义担当，也是促进国际团结、实现全球可持续发展的职责与要求。目前，在撒哈拉以南的非洲地区，约有2.63亿儿童和青少年被剥夺了接受初等和中等教育的权利，中等职业技术教育仅吸收了1/4的适龄青年。就业市场供求在数量和质量上不匹配，职业教育与培训系统的吸引力亟待提升。法国将联合国的可持续发展目标作为职业教育援助的重要目标，力求为受援国提供包容、公平的优质教育，让全民终身享有学习机会。法国希望通过职业教育援助，提高受援国年轻人的职业技能，提高年轻人以及当地社会的抗风险能力和对新信息技术的适应能力，消除不平等与社会排斥现象，预防暴力极端主义，促进经济可持续发展，从而推动实现"在全世界消除一切形式的贫困"等其他可持续发展目标。

（二）法国对外职业教育援助的实践

法国对外职业教育援助的总体目标为：帮助受援国建立较完善的职业教育与培训体系，提高年轻人的职业技能，从而推动受援国的社会融合与发展，促进社会经济可持续发展。为实现这个目标，法国在政府、院校与社会层面开展了丰富的实践。

1.政府层面的援助实践

法国政府开展官方发展援助，通过赠款或优惠贷款，向受援国或多边机构转移公共资源，具体可以分为双边援助与多边援助两种形式。官方发展援助是法国对外职业教育援助的最重要形式，具有大规模、制度化的特征。

在双边援助方面，法国开发署是官方发展援助的核心执行机构，主要通过为援助项目提供资金支持,对受援国进行援助。目前,在职业教育领域,共有 57 个一体化的援助项目正在实施。每个援助项目的内容各不相同,包括提供职业教育决策咨询、设立职业培训中心、建设教育基础设施、更新教育内容、提供师资培训、提升职业教育治理能力、实施技术援助等措施。例如,贝宁是世界上最不发达的国家之一,劳动人口素质较为低下,年轻人深受失业的影响。为此,法国开发署向贝宁提供了 2 000 万欧元的贷款和 300 万欧元的赠款,通过开展职业教育和就业融合发展项目,向年轻人提供满足劳动力市场需求的职业教育培训。该项目有以下三个重点:

(1)帮助贝宁的职业教育实现教育设备的现代化。贝宁的 4 所职业技术中学以及 3 个学徒培训中心的农牧业、电工技术、能源、建筑、汽车维修等专业,将获得基本的课程教学设备和材料。同时,法国还将援助贝宁新建旅游、烹饪等专业。

(2)提高职业教育与培训的质量,以增强年轻人的就业能力,具体措施包括采用工学交替的人才培养模式,协助贝宁的技术和职业教育部参与技术教育教师的招聘和培训,在学校中建立职业指导体系等。

(3)帮助贝宁改进职业教育治理体系,提高治理能力,以提高决策的质量与效率。

虽然各项目的具体内容有所不同,但其实施过程有以下几点共通性:

(1)强调产教融合,在公私营部门之间签订正式的合作协议,以确保项目运行。

(2)为提高受教育者就业能力,各项目均采用工学交替、学徒制等人才培养方式。

(3)在涉及产业升级的职业教育援助项目中,法国开发署协助受援国相关部门制定国家政策和战略。

(4)强调援助性投资要给法国和受援国双方都带来收益。法国开发署实施的一体化职业教育援助项目,为受援国面临的职业教育与培训问题提供系统化解决方案,能够提高受援国的职业教育与培训质量,也有利于增强受援国职业教育系统的发展能力。

在多边援助方面,法国积极参与由世界银行、联合国教科文组织、欧盟、全球教育合作组织、七国集团、二十国集团等国际组织发起的职业教育援助,并在其中发挥重要作用。例如,2014—2020 年,法国共向欧盟发起的欧洲发展基金捐款 54 亿欧元,这笔资金一部分捐赠给全球教育合作组织,另一部分捐赠给 40 个将教育和职业培训确定为重点领域的国家。在法国担任七国集团轮值主席国期间,各国教育部部长通过了关于与发展中国家开展职业技术教育合作的宪章,法国作为主席国提出了"公平优先"倡议,鼓励各国通过职业教育和培训实现性别平等,保障妇女经济权益。

2.院校层面的援助实践

近年来，随着全球化趋势的推进，知识与技能的地缘边界被打破，国际化成为法国高等职业院校的重要议题与自主选择。法国高等职业院校的国际化举措主要包括招收留学生以及建设跨国高等职业教育机构和课程，当其服务对象为亚非拉地区的发展中国家时，高等职业院校的国际化就具有一定的援助性质。

摩洛哥、阿尔及利亚、突尼斯、越南等原法属殖民地向来是法国留学生的重要来源国，与法国的对外发展援助目标国有所重合。为进一步促进法国与受援国的教育交流与合作、促进学生流动，从2019年起，法国将其政府奖学金项目数量从7 000个增加至15 000个，并向非洲国家，尤其是非洲西北部马格里布地区的国家倾斜。此外，部分法国高等职业院校开设面向发展中国家招生的项目，鼓励学生到法国学习。例如，大学技术学院是法国优质的公立高等职业教育机构，其招生规模受到政府严格控制，但为了加强与摩洛哥、越南等国的合作，111所大学技术学院拿出紧缺的学额，通过法国大学技术学院院长联盟，向这些国家联合招生。

为了给没有条件出国学习的受援国学生提供高等职业教育机会，法国高职院校与受援国的政府和院校合作，通过建立国际分校、联合办学、设立联合学位课程、开设远程学习课程等跨国教育方式，开展职业教育援助。例如，在中非，法国的天主教工艺学院与中非天主教大学联合创建了职业教育机构，学生学习为期3年的全日制工程技术专业课程，并进行2年的工学交替学习，在当地的工商企业如石油企业、农副食品企业实习，毕业生的就业率高达95%。法国国立工艺学院在科特迪瓦、黎巴嫩、马达加斯加和摩洛哥等国家与当地的高等教育机构合作建立了联合职业培训中心。位于科特迪瓦的联合职业培训中心是与当地的国家理工学院合作建立的，向当地学生提供会计和工程教育培训，并向毕业生颁发法国国立工艺学院文凭。基于当地的经济社会发展需求，法国输出跨国职业教育项目，为当地培养了一批满足劳动力市场需求的高技能人才，通过制定培养方案、引入工学交替制度、传播工程技术知识、传授教师培训方法等措施，帮助受援国建立完善的高等职业教育体系。由于法国跨国教育机构提供的课程约有一半为法语课程，跨国教育机构成为法国向世界推广法国语言与文化的重要载体，有利于增强法国的国际影响力和世界身份认同。

3.社会层面的援助实践

在社会层面，法国的跨国企业、非政府组织等主体积极参与对外职业教育援助，与政府、院校层面的援助形成互补，促进了法国对外职业教育援助的发展，成为法国对外发展援助的重要组成部分。

在全球化背景下，发展技术出口成为法国提高综合国力与国际影响力的途径。法国的大型跨国企业如标致雪铁龙集团、施耐德电气有限公司、空中客车公司、欧洲直升机公司等积极在发展中国家开设职业培训中心，开展知识与技能培训服务。例如，标致雪铁龙集团在发展中国家设立分支机构时经常难以招聘到符合其要求的技能型人才，因此集团就联合法国国民教育部以及当地的教育部门共同开设职业培训中心，以培训符合其要求的技术人员。石油化工领域的道达尔能源在中非、马达加斯加、柬埔寨等50多个国家，通过与当地的技术学院合作，提供有关钻井、炼油、人力资源等与石油业相关的课程，促进石油行业与当地学校的合作。跨国企业在发展中国家开展职业培训，一方面能够培育技能人才，满足当地劳动力市场的需求；另一方面，能培养符合法企要求的劳动力，带动企业的产品出口。

非政府组织是法国对外职业教育援助的重要参与者，其提供的援助虽然规模较小，但具有专业性和针对性强、反应快速而灵活等优势。法国提供职业教育援助的非政府组织数量较多，其主要援助措施有培训教师、提供教具、建设基础设施、提供资金援助等。例如，法国非政府组织"飞跃"致力于帮助最贫困的弱势人群改善生活。自2017年起，"飞跃"在乍得、几内亚比绍、莫桑比克和刚果的职业教育领域实施帮扶计划，帮助弱势群体获得可持续的职业教育与培训。该计划预计在3年内惠及3 000名年龄17～35岁的弱势年轻人，其中包括1 500名妇女。非政府组织遵循中立与客观的原则，以创造社会福祉为己任，非政府组织提供的职业教育援助在一定程度上摒弃了其他援助主体可能带有的政治或经济等因素，是较为纯粹的人道主义援助。

（三）法国对外职业教育援助的特征

为提高职业教育援助的有效性，法国提出了全局性的援助战略，建立了较为完善的对外职业教育援助体系。总体来说，法国对外职业教育援助在援助区域、援助主体、援助策略以及援助管理等方面，具有以下几点鲜明特征：

1.援助区域：广泛且重点突出

法国对外职业教育援助的范围涵盖广大发展中国家，亚洲、拉丁美洲、非洲的发展中国家均有援助项目正在进行。在此基础上，法国采取地域优先策略，将注意力集中于两个重点援助区域，一是非洲地区，二是其他原法属殖民地，如越南、老挝、柬埔寨、海地等国。

非洲是法国发展援助的优先地区。2016 年，在法国官方发展援助中，有 1/4 的份额用于撒哈拉以南非洲的项目。其中，受援助最多的国家是喀麦隆，共获得法国 2.512 亿欧元的援助，其次是塞内加尔、加纳、尼日尔、布基纳法索和马里，这些国家均为原法属殖民地。2018 年，法国国际合作与发展部际委员会将整个非洲确定为法国发展援助的优先地区，除原法属殖民地外，还有一些英语国家，如埃塞俄比亚、冈比亚、利比里亚等，也成为法国的对外援助目标国家，以进一步增强法国在非洲的影响力。在非洲范围内，法国尤其加强了在萨赫勒地区的发展援助，以促进该地区的可持续发展。马克龙任总统后，将面向非洲青年的职业教育援助作为对非援助政策的核心之一，以期借职业教育援助，促进非洲青年在当地的就业，从而缓解法国的非法移民与难民问题。

其他地区的原法属殖民地大部分仍是法国发展援助的重点区域。法国自 20 世纪 60 年代以来，就是这些国家职业教育与培训的主要参与者之一。进入新世纪，法国将继续延续援助政策，通过支持当地公共教育政策的制定和实施，以及提供多样化的职业培训，来增强年轻人的就业能力，也通过教育渗透的方式传播法国语言文化与价值观。

2.援助主体：政府主导下的多元参与

法国的政府、院校、企业、非政府组织以不同方式参与对外职业教育援助，形成了多元治理结构和较为完整的职业教育援助服务链。其中，政府是援助的最主要参与者，目前已经形成一套较为完善的组织体系。其他层面的主体与政府进行良性互动，在各方面的工作中形成互补合作的关系。

在政府层面，法国对外援助体系采取了中央集权的等级组织架构，主要分为决策层、管理层和执行层三个层次。位于决策层的是法国国际合作与发展部际委员会，该委员会有权决定法国的对外发展援助政策与战略。国际合作与发展部际委员会由总理担任主席，由 12 个部委的部长担任委员，每年举行一次会议。在管理层，法国外交和欧洲事务部、经济和财政部分管对外援助的行政管理与财政事务。在执行层，法国开发署是法国发展援助的核心运营机构，负责贯彻落实法国的发展援助政策。自 2000 年以来，职业教育和培训成为法国开发署的重要援助领域。法国通过等级式的组织架构，对各部门进行清晰的权责分工，有效地协调各部门的行动，从而提高了对外援助的效率与有效性。

法国的高等职业院校、企业、非政府组织等主体也积极参与援助，填补官方发展援助的力所不及之处，与政府形成合力，充分发挥援助效益。企业和院校的国际化与对外职业教育援助受到政府鼓励，成为政府工作的优先事项之一。非政府组织是法国对外援助的重要参与者，2014年法国颁布的《发展与国际团结政策方向和规划法》肯定了非政府组织在发展援助中的重要作用，并决定通过法国开发署向非政府组织提供支持、指导与监督，以促进非政府组织的发展。同时，非政府组织也向法国开发署提供受援国的信息，协助法国开发署相关项目的落地与实施。

3.援助策略：因地制宜

在制定职业教育援助的具体策略时，法国根据受援国的国情，因地制宜地选择不同的援助定位，使法国的职业教育援助更有针对性与有效性，也更容易获得当地政府的支持和认可。

首先，法国根据受援国不同的经济社会发展水平，确定官方发展援助的具体方式。在欠发达国家，法国开发署主要通过赠款来开展工作；在中等收入国家，法国开发署提供优惠贷款，其利率低于市场利率；在新兴国家，法国开发署通常以市场利率发放贷款。总体来说，贷款是法国开发署提供官方发展援助最主要的援助方式，在总的援助策略中约占83%。

其次，法国对受援国的劳动人口特征、产业结构、经济支柱产业等进行调研，选择亟待发展的行业与领域进行援助，以有效满足当地劳动力市场需求，促进当地经济社会发展。

例如，纺织和服装业是柬埔寨的支柱产业之一，但当地的劳动力素质普遍较低，因此法国开发署资助建立柬埔寨纺织与制衣培训中心。该培训中心有以下三个职能：

（1）开发两年制工读交替的高等教育课程。

（2）在培训中心或制衣公司内开展短期培训，每年培训1 500名工人。

（3）为该行业的公司提供咨询和指导。

再如，莫桑比克具有水电开发的潜力，电力出口约占出口总收入的11%，在家庭需求和重大工业项目的推动下，电力需求正在以每年14%的速度增长。行业的快速发展要求对其员工进行继续教育和培训，但培训系统的薄弱阻碍了莫桑比克国家电力公司的生产。为应对这一挑战，法国开发署帮助莫桑比克国家电力公司开展继续教育和培训，促使莫桑比克实现现代化和可持续发展。该计划预计每年培训1 000名学员，并实施性别平等策略，促进电力行业内的性别平等。

4.援助管理：注重质量保障

质量保障是对外职业教育援助中的焦点问题，政府、学生、家长、教师、教育机构、国际组织等利益相关者均对教育援助的质量提出了较高要求。由于对外职业教育援助是跨越国境的援助服务，不可避免地存在质量监管困难的问题。为此，法国针对不同主体开展的援助项目，制定了不同的质量保障方式。

对于法国的官方发展援助，法国开发署主要通过 4 种评估方式，确保援助项目的质量：

（1）项目评估。该评估方式旨在通过与受援国的利益相关者就项目的实施结果进行对话，获得项目实施效果的反馈信息，以促进项目改进。项目评估结果向全社会公开，并可以在法国开发署的网站上查询。

（2）深入评估。从更广泛、更深入的角度对项目的实施进行评估，主要目的是通过考察教育援助的原理与机制，获取相关的理论知识。自 2007 年以来，法国开发署定期进行录像评估，这种评估更便于访问且内容更丰富多彩，是一种新颖且有效的深入评估。

（3）战略评估。该评估旨在分析影响法国开发署战略制定与实施的因素，如行业因素、地理因素等，并评估战略实施效果是否符合预期目标。

（4）元评价。法国开发署通过元评价，对教育援助的评估过程及其有效性进行批判性研究。除了法国开发署进行的评估，外交部与财政部也分别在其职责范围内对援助项目的实施效果进行评估，评估结果统一上报至国际合作与发展部际委员会，最后再由委员会提交议会审议。

对于院校之间的跨国合作，法国制定了一套从项目开始前到项目进行中的质量保证体系。在合作项目开始之前，法国职业教育机构需做好以下 4 项工作：

（1）对项目的可行性进行充分研究，从学术、财务、法律等角度进行调研，力求与受援国的实际需求达成一致，也与法国机构的发展规划一致，从而确保项目的可持续性。

（2）与法国驻外使馆、各中央部委等部门保持信息沟通，在合作伙伴选择、法律承诺等方面，获得相关建议。

（3）阐述所颁发文凭的性质与颁发条件，并获得法国当局与受援国当局的认可。

（4）制定项目治理模式，厘清法国与输入国利益相关者的权责分配等。

在项目实施的过程中，法方应确保整个职业教育体系符合法国以及国际学术标准，保证教师的学术水平；法方相关部门应保证具体教学计划与教学设备的质量，以达到规定的教育水平；法方应根据本地以及法国的法律法规，考查学生参与机构治理的情况；

考虑学生的财务情况与资助；在学业考核、学位授予等方面进行全面的质量监控等。

职业教育具有天然的"跨界"属性，兼具经济、社会、文化、教育等多重特性，在对外援助中能够发挥其独特价值。因此，法国一直将对外职业教育援助视为对外政策与行动的重点，也取得了一定成效，受援国的职业教育质量、教师培训能力等得到了提高。在"一带一路"倡议下，我国积极发展对外职业教育援助。与法国不同，我国的对外援助秉持"共建'人类命运共同体'"的理念，希望受援国实现真正的独立自主发展，突破以西方为中心的传统国际格局。在开展对外职业教育援助的同时，我国还应提高软实力，既可以使我国的对外职业教育援助在国际上获得更多认可，又可以突破传统的国际援助理论，建立全新的援助话语体系和理论体系，形成国际教育援助的新模式。

第二节 职业教育援助的范围不断扩大

我国职业教育援助的范围不断扩大，主要表现在以下三个方面：一是援助主体多元化，由政府主导走向多元联动；二是援助对象广泛化，由特殊群体转向人人参与；三是援助内容多样化，由单一硬件走向软硬结合。

一、援助主体多元化，由政府主导走向多元联动

目前，中国的对外职业教育援助逐渐从自上而下走向多元合作，其行为主体主要是中国政府、院校、企业和行业组织等。

在政府层面，教育部在天津职业技术师范大学、浙江师范大学、南京农业大学等10所高校中设立了教育援外基地，这些援外基地的主要任务是承担各类援外培训项目、选派援外教师、提供政策咨询等，也承担其他部委委托的教育援外项目。近年来，商务部积极推动培训项目"走出去"，到非洲本土开展技术培训，成效显著。

在院校层面，宁波职业技术学院从2007年开始承办援外项目，截至2019年12月，一共承办了141期项目，共计培训来自122个国家的3 326人。上海城建职业学院于2019

年 6 月，在泰国邵瓦帕职业学院挂牌成立了"上海城建职业学院曼谷分院"，抢抓"一带一路"在教育与人文领域互联互通的历史性机遇，招收并培养泰国留学生，成功被发改委列为中泰"民心相通"项目，并顺利成为国家推进"一带一路"工作领导小组的关注项目。

在多元合作层面，出现了多种对外职业教育援助主体的组合，例如中国政府与国际组织、中国企业与职业院校等。除了基于工作场所的学徒制培训，"请进来"职业教育培训班以及境外办学也越来越受到社会各界的广泛关注，尤其是协同企业"走出去"的合作形式被寄予很高的期望。此外，我国政府还积极联合世界银行、联合国教科文组织等，开展面向非洲地区的职业教育与培训项目，我国各类民间组织也有涉及该领域的实践活动。由此可见，中国的对外职业教育援助已从政府主导走向多元联动，能有效助力"一带一路"共建国家的发展。

二、援助对象广泛化，由特殊群体转向人人参与

我国职业教育援助的对象逐渐从特殊群体转向人人参与。

从国家层面来看，援助对象是所有的"一带一路"共建国家。以往出于对交通、地理、人口等因素的考虑，中国更多地把目光投向经济欠发达的国家或地区，如非洲地区。但随着合作与发展理念的盛行，中国秉持着平等的态度，致力于构建一个共商共建共享的"人类命运共同体"，以形成一个团结合作、包容互助的交流机制，谋求各国的共同发展。

从个体层面来看，弱势群体从最开始的妇女、儿童、受教育水平较低的青年和学生等转变为现在各行各业的管理人员、技术人员等。对于弱势群体，2015 年，习近平主席在联合国系列峰会上提出为发展中国家培养 50 万名职业技术人员；在全球妇女峰会上承诺邀请 3 万名发展中国家妇女来华参加培训，并在当地为发展中国家培训 10 万名女性职业技术人员。对东南亚各行各业人员的教育援助，包括各类人力资源培训项目，培训的范围涵盖了语言、卫生、金融、外贸、农业、旅游、通信、防灾救灾、环境保护等多个领域，培训对象涵盖了东南亚各国的政府官员和管理人员、各行业的专业技术人员、中小学校长等。由此可见，我国对外教育援助对象的范围已不再局限于特殊的目标群体，而是逐渐放宽，让受援助国家人人能参与合作，对提高援助对象的技能和个体可持续发

展能力的意义重大，对受援国的经济社会发展有重要的支撑作用。

三、援助内容多样化，由单一硬件走向软硬结合

中国对外职业教育援助的内容逐渐由单一硬件走向软硬结合，即从开始的物质投资和金钱投资转向与技术和人才培训相结合。自 20 世纪 50 年代起，中国开始资助其他发展中国家的学生来华学习，并帮助亚洲和非洲国家建设普通和技术院校，并为其提供教学仪器和实验室设备；20 世纪 60 年代，中国开始向发展中国家派遣援外教师；20 世纪70 至 80 年代，中国应受援国政府的要求，以接收留学生的方式，为坦赞铁路、毛里塔尼亚友谊港、坦桑尼亚煤矿、圭亚那纺织厂等援建成套项目，专门培养中高级技术和管理人才。

近年来，中国加大对发展中国家的教育援助力度，援建了近 100 所农村小学，大幅增加政府奖学金和来华培训教师的名额，派遣更多的教师帮助受援国发展薄弱学科，加强与其他发展中国家在职业技术教育和远程教育等方面的合作。中国在教育领域的援助，促进了受援国教育事业的发展，帮助受援国培养了大批教育、管理、科技人才，为受援国的经济和社会发展提供了智力支持。有学者提出，我国在援助初期，可以结合自身的强项和优势，在海外办学或其他高等教育合作方面，以工程技术领域为主，之后再逐步涉足人文社科领域。当然，在高等教育领域，还可以通过设立奖学金、联合学位项目等多种形式，让这些国家的学生对中国产生兴趣，从而来华学习，接触中国文化。

自"一带一路"倡议提出后，我国对"一带一路"共建国家的教育援助步入了一个新的阶段。以柬埔寨为例，我国的教育援助主要表现在教育基础设施、奖学金与留学生及人力资源培训三个方面。其中，人力资源培训包括本土化趋势下的教师与志愿者培训、全方位和多层次的技术工人培训。由此可见，援助内容逐渐多样化，受援助对象也能根据自身的社会经济发展情况，选择、接受更契合自身发展的援助方式。

第三节 职业教育援助的方式更加丰富

经过不断探索，我国的职业教育援助理念更加成熟，职业教育援助的方式也更加丰富。目前，我国在"一带一路"共建国家开展职业教育援助，主要通过援建职业培训机构、积极推动师资交流、着力开发职业培训项目、提供教育物资与多领域的技术援助等方式共享优质教育资源，进而逐渐构建完善的中国职业教育援助体系。

一、援建职业培训机构，促进院校合作与人才流动

2016 年，教育部牵头制定并发布了《推进共建"一带一路"教育行动》的通知，提出实施"丝绸之路"教育援助计划，强调要加强教育援外基地的建设。在职业教育领域，中国对外援建职业培训机构主要有两种方式：一是在"一带一路"共建国家援建职业教育机构，二是加强国内援外基地建设。

在"一带一路"共建国家援建职业教育机构，不仅有助于两国职业院校以及两国校企的友好合作，从而促进优秀人才的双向流动，而且是中国教育实施"走出去"战略的重要一步。在"一带一路"倡议的背景下，许多共建国家都向中国政府提出了由中国援建共建国家学校的愿望，主要是建设工程技术大学、职业技术学校，如坦桑尼亚总统提出希望援建农业大学、埃塞俄比亚总统提出希望援建铁路学院等。2016 年 4 月 22 日，中国有色金属行业职业教育"走出去"试点工作启动会议在中国有色集团总部隆重召开，会上正式确定了湖南、吉林、黑龙江、江苏、陕西、广东、甘肃的 7 所首批试点院校，并签署了职业教育"走出去"试点合作框架协议书。为了让当地学员能够拥有更好的培训场地，中国企业主动参与肯尼亚的职业教育培训项目，在当地援建培训机构。

此外，加强国内援外基地建设，有助于形成对点帮扶援助的新格局，更全面地帮助共建国家大力发展职业教育。例如，教育部针对埃塞俄比亚职业教育领域的薄弱环节，选择天津职业技术师范大学作为主要援外基地，由该校派遣职教师资，帮助埃塞俄比亚发展职业教育。自 2001 年底该校承担中国-埃塞俄比亚职业教育合作项目以来，根据埃塞俄比亚职业教育实际所需选派教师进行援助，在此后的 17 年时间里，共派出教师上

百人，培训学生上万人，累计培训职业技术方面的专家或教师已有数百人，有效实现了人才的双向流动。

二、积极推动师资交流，突破职教师资薄弱瓶颈

专业教师的缺乏是影响大多数国家职业教育发展的瓶颈之一，因此专业教师队伍建设是提高职业教育质量的重要一环。中国政府在职业教师的对外援助方面，主要采取两种方式：一是选派本国优秀的援外教师与志愿者，二是在"一带一路"共建国家开展师资培训。为提升"一带一路"共建国家职教教师的总体素质，中国政府每年派遣优秀援外教师与志愿者在当地职业院校执教，积极参与当地职校建设与专业人才的培养。例如，中国政府每年都会派遣一定数量的教师去埃塞俄比亚进行职业教育援助，自2001年以来，中国已有数百名教师在埃塞俄比亚从事过职业教育援助工作，目前仍有100多名教师在埃塞俄比亚各类职业学校执教，在埃塞俄比亚参加职教项目的中国教师分布在当地4个州的26所重点职业院校。同时，为提高教育援助的效率，实现援助成果的最大化，中国教育部开始注重对各国本土职业教师的培养，例如，中德栋梁教育科技集团承接了肯尼亚教育部的大中专升级改造项目以及机电一体化专业的师资培训项目，由该集团负责为机电一体化专业的教师和学院提供课程体系建设、教材编写、实验室规划、实训基地建设、师资培训、考核评估、产教结合、学术交流等"一揽子整体解决方案"，有效提升了肯尼亚职教教师的专业素养，突破了当地职教师资缺乏的瓶颈。

三、着力开发职业培训项目，共享优质教育资源

自我国商务部启动对外援助人力资源培训计划以来，针对"一带一路"共建国家的职业教育培训项目类型越来越多样化，且面向的群体逐渐多元化。教育部、商务部积极推动培训项目"走出去"，到"一带一路"共建国家开展技术培训，收效显著。多数中国企业及相关院校会联合开展一些境外培训项目，例如，中航国际与肯尼亚教育部通过建设职业院校、提供规划、设置专业等"一揽子解决方案"，为肯尼亚134所大中专院

校开展机械加工、电工电子、汽车维修、机电一体化、焊接、制冷、农产品加工、酒店管理、土木工程、农机维修等培训项目。

商务部开展的培训项目可分为短期、中期和长期三类。其中，短期培训班最多，涉及的内容最广泛，目标明确，针对性强，例如，针对莫桑比克和埃塞俄比亚两国开展的开发区培训班、产能培训班、高铁培训班等。短期培训班的对象不仅有非洲政府官员、智库人员，而且有新闻媒体、民间机构的人员等。据不完全统计，在商务部国际商务官员研修学院举办的非洲来华人员培训班中，既有针对某个行业的专题研修班，如非洲英语/法语国家经济管理研修班、非洲法语国家公共卫生管理与疾病防控研修班等，又有专门为非洲某个国家量身定制的技术培训班，如 2018 年非洲国家水资源开发利用与水环境治理研修班、2018 年缅甸水资源管理能力建设研修班、2018 年发展中国家防洪减灾技术与管理研修班等。通过"引进来"和"走出去"并行，中国政府以及国内社会组织积极开展职业培训项目，既有助于优质教育资源的共享，又有助于人力资源的双向促进。

四、提供教育物资与技术援助，形成中国职业教育援助体系

近年来，中国政府和各界向"一带一路"共建国家提供的教育物资援助非常丰富，总体上可分为四大类：第一类是学习用品，包括教材、书包、笔记本、写字笔、课桌椅等；第二类是专业教学设备，例如在埃塞-中国职业技术学院落成后，商务部就为其提供了一些教学设备，涵盖了机械、汽修、电气、电子和计算机等多个专业领域；第三类是援建一些教育基础设施，2013 年"一带一路"倡议提出后，中国着重强调国家间基础设施的互联互通，针对基础设施的援助逐步增加，如中国为位于柬埔寨的职业院校援建了主教学区的教室、实验室、阶梯教室、图书馆、厨房和餐厅等设施，极大地促进了柬埔寨职业教育的发展；第四类是技术合作，中国政府派遣各领域专家、教师和志愿者到"一带一路"共建国家进行技术指导培训。技术合作主要体现在农业和医疗卫生领域，在农业领域，中国政府帮助非洲国家建立了农业技术示范中心、农业试验站、推广站，派遣农业专家开展技术培训等；在医疗卫生领域，中国政府派遣医疗专家开展治病防病和专业人员的培训，在当地援建医院，赠送医疗药品和仪器设备等。

第四章 法国职业教育体系研究

法国职业教育的历史较长，早期的职业教育从初中即开始，而近些年来又有向高等教育延伸的趋势。

第一节 法国职业教育改革的结论及启示

法国 70 余年来的职业教育改革有其清晰的思路和路径，持续构筑与高等教育密切相关、支撑科技发展的教育体系以及工程领军人才培养的结构与机制，对于我国当前深化职业教育改革，具有很好的借鉴意义和启示作用。

一、始终回应经济社会和科技进步的发展需求

法国教育制度高度集中化，政府致力于推动职业教育结构改革，在回应实现教育公平诉求的同时，将全面支撑经济社会发展要求作为根本原则。法国频繁改革职业教育，其目的除了要向全体适龄人口提供平等、统一的职业教育，还要全力以赴、持续不断地推进职业教育在技术教育和职业教育方向的定向和分流，通过不断变革技术类和职业类学校与文凭的名称、相关标准，以及课程的结构和内容，确保中学科技教育的水准和质量。

在改革进程中，法国职业教育从重视技术技能的培养培训以支撑国家重建，到加强通识性的工程教育以提升学生科技素养，持续构建起高中阶段目标明确、标准严格、指

向清晰的教育类型。这一过程不仅有效地满足了因劳动力市场分层和个体存在差异而造成的学生多元化发展需求，而且为法国高等工程教育储备了大批优质的科技人才，这也正是法国多年来科技人才数量、质量均领先世界，工程技术水平引领全球的重要原因之一。

法国职业教育，特别是高中阶段的教育，从整体上注重回应经济社会与科技发展需求，全面、系统地从类型、结构、课程、会考、文凭、职业定向、分流指导等方面，推进与当代劳动力市场与科技产业发展需求之间的紧密联系，加快改革的速度，提高改革的质量。

二、坚守职业教育"学术""科技"与"职业"并重的原则

法国职业教育坚持学术、科技与职业并重发展，主要体现在对创新导向、学术自主、自律为本、依法治学、宽松包容等原则的坚持上，强调技术科学化的重要性以及在新一轮科技革命背景下法律与科技发展的良性互动。

坚持创新导向：围绕创新驱动发展，推动大众创业、万众创新，提高自主创新能力，破除制约创新的观念和体制障碍，支持有利于激活创新要素的探索和实践。

学术自主：维护科技工作者在科研活动中的主体地位，激发研究探索的主观能动性，建立科学、规范的学术自治制度，健全激励创新的学术评价体系和导向机制。

自律为本：引导科技工作者发扬优良传统，坚守学术诚信，完善学术人格，遵守学术规范，维护学术尊严，正确行使学术权利，履行社会责任。

依法治学：建立保障学术自由的法治基础，强化知识产权保护，依法保障科技工作者开展学术活动的权利，引导科技工作者自觉遵守宪法和法律法规，抵制学术不端行为。

宽松包容：坚持人才是第一资源的理念，营造宽松的学术环境和学术氛围，尊重科技工作者的个性，鼓励学术争鸣和质疑批判。

此外，技术科学化的发展历程表明，技术发展摆脱了传统依赖于主体实践经验、技巧的方式，走上依靠科学的发展道路，科学与技术的融合互动和体系化程度不断加深。在新一轮科技革命与产业变革加速演进的大背景下，法律与科技发展的良性互动成为重要议题，科技的迅猛发展引发了对科技伦理问题的关注，需要伦理和法律法规确保科技的健康发展。

尽管法国职业教育的改革与发展有其深厚的历史、政治、制度等背景因素，其改革的历程及演变内容非常复杂，法国职业教育也与其他国家的职业教育有着明显的差别，其统一性、复杂性与多元性并存。深入研究法国改革职业教育的根本思路，会发现其始终坚持一种"学术""科技"与"职业"并重的三元论。中学重视学术教育是法国职业教育的传统，直至今日，法国中学的学术教育也以任务重、要求高为其核心特征。

从1945年起，法国从经济社会发展的需求出发，在职业教育阶段迅速构建起实施技术技能培训的职业技术类教育机构；之后，在其发展进程中，很快将职业技术类教育机构分成技术教育和职业教育两个方向，并将其全部纳入正规学制，在毕业会考的国家制度中，建立了与学术教育文凭等值的独立文凭，以确保科技类、职业类方向在中等教育结构中的地位，使科技和职业轨道并重，并且持续独立发展成为现代法国职业教育的传统。法国职业教育结构的"学术""科技"与"职业"三元分类，并没有形成三种通道之间的分离和隔绝，相反，在实际运行中，学生拥有了根据个人能力选择相应考试，从而获得各类文凭的自由。

"学术""科技"与"职业"并重还有一个突出的特点，就是科技教育受到高度重视。法国为了使职业教育更好地适应高等科技和工程教育的需求，不断加强在职业教育阶段的工程学科教育，强化学生通识性的科技知识和素养，为学生升入优质的高等工程教育体系打下了坚实的基础。法国普通中学的毕业生都以升入高等工程教育的"大学校"为荣，他们当中的许多人成为法国工程师队伍的领军人才。在职业教育阶段不断发展的科技中学及相应的会考文凭，不断扩大了中学阶段科技教育的受众范围，使国家科技队伍的基础数量得以保障，这些学生绝大部分成为科技产业的从业者、成为法国工程科技人才的中坚力量，其佼佼者则成长为工程科技队伍的领军人才。这种强大而持续的工程科技教育文化和人才培养格局的形成，是支撑法国科技竞争力领先的重要原因之一。

我国在改革开放之后同样重视职业教育阶段的结构改革，发展思路是坚持"学术教育"和"职业教育"的二元模式，并没有将"科技教育"作为单一学科的纳入职业教育结构。与法国相比，普通高中和中等职业学校存在对学生进行科技教育重视程度不够、分量较轻、难度较小，且与高等科技类、工程类院校衔接较弱的问题。在这些问题上，法国的经验和做法可以给我们提供一个新的思考维度和视角。

三、形成工程科技人才初中、高中和大学的系统化培育体系

法国职业教育结构改革从技术取向不断向当前的工程取向发展。在科技教育中，非专业化、非职业定向化的倾向日益明显，其重点在于加强学生科技核心知识和素养的培育，目的是为法国高等工程和技术教育提供优质的、基础知识扎实的人才，以此来应对科技发展的现实需求。法国在高中阶段设置高等工程教育预科班，改革高中会考文凭制度，设置专门的科学类文凭，目的在于吸引更多学习成绩优异、有潜力的学生提前进入工程科技学习阶段。这种发展倾向不断地向初中课程体系渗透，工程科技教育的理论和课程体系形成了一种初中、高中和大学工程科技课程纵向衔接、持续发展、不断优化的模式，切实地形成了法国独具特色、卓有成效的高水平科技人才培育体系。

我国目前启动"新工科"建设，旨在应对经济社会转型升级和高科技领域快速发展对人才的迫切需求。落实好改革和发展的思路与举措，不仅要全面革新本科及更高层次的高等工程教育，而且要对职业教育体系进行系统化革新，使职业教育能够支撑高等工程教育的发展需求，形成整体优化的人才培养和质量提高体系。

法国职业教育在标准和质量方面都为世界各国称道和认可，其改革进程体现在诸多方面，积累了许多有益的经验。从第二次世界大战至今，法国职业教育改革从技术取向发展为工程取向，法国对职业教育的改革有其独特的发展历程和内在逻辑，是该国教育改革的一个重要方面，有特色、成体系且效果良好，值得持续深入研究和借鉴。

第二节 法国职业教育的现行体制

一、中等职业教育

在法国，实施中等职业教育的基本机构为职业高中，主要颁发以下几种文凭：

（一）职业能力证书

要获得职业能力证书，需要具有某一职业的技能。目前，法国设有235种职业能力证书，学生获取职业能力证书需要参加的教学内容包括如下：普通教育课程，如法语、数学、史地等，每周为14～16学时；职业技术教育，学习与某一职业有关的知识和技能，主要包括理论、实践及车间或办公室操作，每周学习12～17学时，另有企业实习8～12周。

（二）职业学习证书

获得职业学习证书的毕业生，可获得技工和职员的专业资格，工作范围比职业能力证书获得者更广。该证书涵盖30余个专业，学习内容包括普通教育和职业技术教育的相关课程。普通教育课程为14～22学时，不仅在所有课程中所占比重较大，而且对于整个学业的完成起着重要作用。技术教育课为某一类职业的基础课，通常每周授课16～20学时。持职业学习证书者，可直接就业，也可继续学习。

（三）补充证书

某些职业能力证书和职业学习证书持有者可用1年时间再修1门相关专业，可以取得国家证书，以便获得更多的就业机会。

（四）职业高中会考文凭

职业高中会考文凭是指对职业能力证书及职业学习证书持有者，进行某一职业的较高级别的职业培训，学制为2年。法国现有35个专业的职业高中会考文凭，此文凭的教学与职业市场联系密切，因此学生毕业后很快就能参加工作。

此外，法国还有一些学徒培训中心，属于半工半读或工学交替性质的职业教育机构。学徒培训中心以适应本地区劳动力市场的需要为原则，招收接受过义务教育的 16～25 岁青年。学员必须与雇主签订学徒合同，履行培训义务。整个培训过程采取交替制的形式，分别由学徒培训中心、合同工厂负责，学制一般为 1～3 年。学生的学徒期满并通过考试，便可获职业能力证书或其他文凭。

二、中等技术教育

法国中等技术教育与普通教育一样，属于长期教育，学制为 3 年。实施中等技术教育的机构为技术高中，主要颁发技术业士文凭和技术员证书。法国的技术高中招收初中毕业生，学制 3 年，其培养目标是：使学生具有一定的专业技术知识，广泛、扎实的普通文化知识，有较强的适应社会和企业对科学技术迅速变化的能力。技术高中第一学年是基础学习阶段，教学不分学科。第二学年和第三学年分学科教学，每周为 32～38 学时。其中，普通文化课根据不同的学科和专业分别占学时总数的 1/3～1/2，甚至超过 1/2；技术课和专业实习课在学校的教学车间或工厂企业中进行；选修课教学每周为 2～4 学时。

三、高等技术教育

法国高等技术教育机构主要包括高级技术员班和大学技术学院。高级技术员班通常设在技术高中，但其性质属于短期高等教育。高级技术员班通过审查高中毕业生档案和平时成绩录取新生，在新生中约有半数来自技术高中。高级技术员班的课程设置要求学生在扎实掌握普通文化与技术知识基础教育的基础上，提高专业技能和实践技能，在 2 年的学习过程中，实践课占 6～9 个月。学生经过 2 年的学习，通过考试，便可获得高级技术员证书。这类毕业生大多具有比较扎实的普通文化素质和水平较高的专业技术，因此很受社会欢迎，就业率较高。同时，高级技术员班的毕业生还可继续深造，约有 1/4 的毕业生进入普通高等学校学习。

大学技术学院是设在大学里的短期高等教育机构，学制为 2 年，主要培养工业和第三产业所需的高级技术员和高级职员。法国大学技术学院的课程设置注重多样性和综合性，特别注意培养学生较强的适应能力。课程安排主要包括基础理论课、专业课和实习课，在 2 年中，有 6～12 周的实习课。大学技术学院招收高中毕业生，其中普高毕业生占 70%，但录取审查较为严格。大学技术学院在结业时不设毕业考试，根据学生的平时成绩和学习表现，评定其是否达到毕业水平，合格者获得大学技术文凭。

第三节 法国职业教育体系的特点与问题

一、普通文化教育在法国职业技术教育中占有重要地位

在法国，普通文化教育不但所占比重较大，而且对于学生学业的成功和未来的学习都有重要影响。在职业技术教育中增大基础课程的比重，是法国职业技术教育改革的一项重要内容。

二、技术教育自成体系

在法国，技术教育与职业教育之间有着严格的界限。技术教育作为一种培养技术员或高级技术员的教育，通常从高中阶段开始，在高中毕业时结束，或延伸到高等教育阶段，与职业教育相比，具有更强的理论特点，培训时间往往也很长。职业教育通常用来培养熟练技术工人或对职员进行职业性教育，实用性较强，既可以学校教育为主，又可以企业实习为主，或者学校教育与企业教育相结合。1971 年，法国颁布了《技术教育指导法》，指出技术高中与普通高中并列，学制均为 3 年，明确了普通教育文凭与技术教育文凭具有同等价值。实际上，技术高中与普通高中常设在同一所学校，技术高中毕业生的基本方向是升入理工科高等学校，理工科高等学校也通常会优先招收技术高中毕业生。

三、职业教育地位较低

在历史上，法国职业技术教育以学校教育为主，学校与生产企业之间有着较大的鸿沟。法国社会对职业教育十分鄙视，职业学校通常被认为是接收不具备接受普通教育能力的学生的场所。这表现在法国职业技术教育的学制较短，学生的毕业出路仅为就业，而且学生来源质量普遍较差。在法国，学生被高中录取虽无正式考试，但普通高中和技术高中会通过审查学生档案的方式，选拔比较优秀的学生。这种淘汰式的高中分流机制导致了职业高中的生源质量差，学生就业出路不佳，且毕业后学生的社会地位低下。

职业教育在生源和就业上与普通教育和技术教育相比，存在着明显的差距，不仅造成教育系统的失衡，而且带来了诸多的社会问题，如学校暴力事件频发、大量青年失业等。一些学者对这一不合理现象进行了猛烈的抨击，法国政府也采取了许多措施改革职业教育。

第四节 法国职业教育改革

虽然法国职业教育是工业发展的产物，但教育与经济的关系并未真正得到解决。在20世纪60至70年代中期，关于教育是否需要与劳动市场相适应的问题，争论尤为激烈。大多数企业要求学校培养的学生必须符合企业对人才的直接需求，而大部分教师则否定这种狭隘的适应观，认为教育的基本目标不是培养直接的劳动力。这一争论无实际性结果，职业教育还是按照企业的直接要求培养学生，劳动市场也有了充分的容量，职业学校的毕业生基本都能就业。

但是，1975年之后的经济危机给法国职业教育与劳动市场的关系带来了极大的冲击。科技的快速进步、市场竞争的国际化、产业结构的变革，都引起了劳动市场需求的变化，职业学校毕业生的就业问题日益突出。大量青年失业的残酷现实迫使企业（特别是大企业）认识到了基础文化知识的重要性，教师不再否认教育的职业性。当然，教育部门蒙受了很大的责难，人们指责学校未能给学生必要的职业能力，因此应当对青年失业负责。在这样的背景下，法国开始对职业教育进行艰难的改革。

一、开辟沟通各类教育的通道

法国职业教育通过设立过渡班，允许普通高中和技术高中的学生向职业高中过渡，也允许职业高中的学生向技术高中过渡，技术高中的学生向普通高中过渡。这样可以避免或减少学生错误选择专业的遗憾，也为各类教育在文凭上的对等提供了条件。

二、取消早期职业培训

在中等职业教育中，职业能力证书是法国历史最悠久、影响最大的基本文凭。职业能力证书培训可以始于义务教育结束之前，同时对学生进行某项专门职业技能的培训；也可以从学生的初中三年级开始，以学校学习和企业实践的交替制学习方式，用 3 年完成学业；还可以在学生初中毕业后，以学校学习为主，用 2 年获得文凭。由于过早地进入职业培训，学生缺乏基础文化知识，会影响到将来的职业发展，因此进入此类培训的法国青年越来越少。由于接受职业能力证书培训的学生人数仍在继续减少，这类培训正处于消亡之中。与此同时，初中的职前水平班和学徒预备班的学生人数也在急剧下降，造成这类职业培训班名存实亡。

三、改革与增设职业文凭

法国于 1967 年增设了职业学习证书，接收初中毕业学生，学制为 2 年。最初设立时规定的培训目标群体是普通技术工人，只不过它比职业能力证书培训的范围更广，不只是限于某一具体职业的技能。

20 世纪 80 年代以来法国的改革，对职业学习证书的培训重新规定了发展方向：

（1）继续压缩专业领域。

（2）调整培训领域，对学生的培训不再针对某一职业或工作岗位，甚至不是某一个经济领域，而是针对更加广泛的职业知识，以实现学生未来工作岗位对适应性、主动性、责任感和自主性等特性的要求。

（3）允许在进行职业学习证书培训的同时，接受相同领域的职业能力证书培训。该证书的获得者既可就业，又可继续学习。

因为短期高中毕业生曾是技术工人的主要来源，因而短期大学毕业生就业的数量增长较快；而高中会考毕业生都以升学为目标，很少直接就业，劳动市场恰好缺乏这一层次的青年。因此，法国的职业教育改革提高了劳动市场中高中会考毕业青年的比例，打通了职业学校与学徒培训中心的屏障。现有类型的职业培训难以适应新的生产领域，特别是新的信息技术发展要求。在改革职业学习证书的基础上，法国于1985年设立了职业高中会考文凭。此文凭接受职业能力证书和职业学习证书持有者，学制为2年。增设此文凭的主要目的是为青年迎接21世纪的经济挑战做好准备。

新的职业高中会考文凭的培训目标群体是高级技术工人和职员，学习方式十分灵活，不仅可以在学校学习，而且可以在学徒培训中心学习，甚至可以履行培训合同或接受继续教育。职业高中会考文凭的教学由四个部分构成：第一部分是职业和科学技术课，每周16～18学时；第二部分是普通教育课，其中法语占3学时或4学时，外语占2学时或3学时，现代世界知识占2学时；第三部分和第四部分为体育占3学时、艺术教育占2学时，另有3～6学时为自习。在2年的学习期间，学生要在企业接受16～20周的实习培训。

职业高中会考文凭获得者的基本方向是直接就业，同时也允许毕业生继续接受短期高等技术教育。由于此文凭的教学与就业市场联系密切，因此学生毕业后很快就能参加工作。法国现在约有40个专业的职业高中会考文凭，其中包括建筑内装修、手工业、生物加工工业、建筑及建筑物修整、办公室（秘书、会计）、贸易服务、大型建筑、车身建造修理、海水养殖、工业品包装、动力与空调、电力设备及安装、卫生与环境、工业排版、工业印刷、电脑软件与交通、化学工业、汽车维修、集体电气设备维修、电子视听设备维修、农业机械维修与使用、自动化设备维修、材料使用、材料加工机械、造型、木材生产、轻型材料生产、饭店、金属结构、公共工程、销售代理等多个专业。

四、向高等职业教育延伸

科学技术的进步对社会人口素质的提高提出了新的要求，所以在西方国家中，由于就业困难的加剧，青年们越来越多地期望接受高等教育。这种选择既符合青年争取就业成功的切身利益，又适应了工业社会发展的需要。法国在普通高等教育机构中开辟了各种类型的短期或长期职业技术教育，简单列举为以下几种类型：

（1）高级技术员证书，学制为2年，主要接收高中毕业会考毕业生，培训机构为设在技术高中内的高级技术员班。

（2）大学技术文凭，学制为2年，主要接收高中毕业会考毕业生，培训机构为设在大学内的大学技术学院。

（3）大学科技学习文凭，学制为2年，主要接收高中毕业会考毕业生。

（4）管理科学硕士、科学技术硕士和应用信息管理硕士，学制为4年，相当于大学本科。

（5）高等专业学习文凭，接收本科毕业学生，学制为1年。

（6）工程师—硕士文凭，接收本科毕业学生，学制为1年，培训机构为设在大学内的大学专业学院。

法国大学的主要培养目标为教师和研究人员，除了法学院和医学院的培养目标具有职业特点，大学毕业生必须进行相应的专门职业考试，才能获得某一职业。新设立的以职业为特点的高等教育文凭，通过对基本理论的教学和企业实习培训，使学生具备担任高级技术和管理工作的素质，从而使他们能够适应现代职业变革的需求，因此比较受企业欢迎，取得高等教育文凭的学生的就业状况较好。

与中等职业教育情况相反，法国高等职业技术教育的社会声誉较好。例如，大学技术学院创建30余年来，作为设于大学内的2年学制的短期高等技术教育模式，累积了十分成功的经验。其基本特点是：拥有较为严格的筛选入学机制，进行良好的高等专业技术培训，因而学生具有升学与就业的双重保险。

五、加大职业教育改革力度

尽管多年来的法国职业教育改革取得了较为出色的成绩，但不容忽视的是职业教育的社会地位仍然很低。社会仍然习惯于把职业教育视为被排斥的对象或是安置学业失败者的场所。职业教育存在的这些问题，越来越引起法国社会各界的关注。法国前总理若斯潘呼吁，要给予职业教育以相同的社会尊重，"观念中的深刻变革是十分必要的"。

近年来，法国教育部在不断采取多种方式，试图对职业教育进行彻底的改革。

1997 年 12 月底，法国国民教育部部长阿莱格尔和负责学校教育的部长级代表鲁瓦雅进行了一次主题为"高中应当教授哪些知识？"的大型咨询调查。实施这项调查的组织委员向教育部提交了一份报告，提出了关于高中课程改革的一些建议。这些建议有多处涉及职业教育的改革。报告认为，应当"提高职业教育的地位，使其与普通技术教育具有同等的价值，这是教育政策的绝对优先点"。报告还专门强调了职业学校的职能与变革，指出"职业高中完全是职业活动和就业的预备场所，包含着学历培训和继续培训，它是各类职业及其文化的储备处。它也是具备各种职业能力、经验和文化的人们相互接触和交流的地方""职业高中可以使学生获得所有高中学生应掌握的共同文化，获得所选职业的实际能力。学生的专业方向在学习过程中逐步确定。职业高中也可使成人获得新的职业能力"。

1998 年 4 月 9 日，法国教育部部长委托雷恩学区总长威廉·玛鲁瓦主持了关于职业技术教育的圆桌会议。之后，玛鲁瓦又于 7 月 9 日向教育部提交了圆桌会议报告——《职业教育改革的工作纲要》（以下简称《纲要》），首先提出了职业教育改革的八项指导原则：

一是与经济领域的代表结成伙伴关系，职业教育文凭的规范与建立均需企业界参与，以适应经济发展的需求，使文凭持有者具备职业界认可的素质。

二是职业教育应包含职业领域中的培训，以利于学生职业能力、技能和知识的形成。

三是职业教育的基本目标是就业，但不排除文凭持有者的继续学习。

四是职业教育文凭应当允许在良好的条件下直接就业，但同时要有利于今后一生中的继续教育。也就是说，要做到普通文化知识与职业能力知识之间的平衡。

五是实行培训过程与认证方式的分离，即允许通过学校教育、学徒培训、继续培训或资格考核的方式获得文凭。

六是继续实行全国性的文凭，以构成标准参照点，保证地域间和行业间的流动。

七是职业教育要突出个别化培训，如交替式教学、实际操作、同企业建立合作计划、个人实践等。

八是地区政府应发挥更大的协调与组织作用。

从以上八项原则出发，《纲要》提出 50 条具体建议，可归纳为以下五个方面：

其一，改变职业教育的形象。一方面，要强调职业教育在人才培养上的重要作用，提高职业教育的质量，突出其教学特点；另一方面，要发挥每一所职业学校的教育优势，在有限的专业领域构建尖端学科，形成能够吸引企业、学生和家长的"培训极"。

其二，与企业建立伙伴关系。建立全国性的职业教育与经济领域的对话机制，在学校和企业中建立协作办公室，制定与中小企业加强联系的政策等。

其三，改革文凭结构。职业资格已由过去的教育与职业的直接对应的狭窄定义，变为培养能力和行为的广泛概念。职业教育应当重视职业培训与普通文化的平衡，改善职业教育与普通教育之间的过渡环节，保证技术高中会考文凭的后续学习，在大学改革中重视职业教育，允许就业后的重新学习。

其四，加强交替式教学。鼓励企业接收青年，完善企业培训制度，促进青年在企业中融合，保证学校教育与企业培训的连续性，加强交替培训教学的研究。

其五，加强职业技术专业人员的培训。多渠道招聘职业学校的教师，在教师培训中加入对企业知识的学习，安排教师在企业内实习。

1999年3月4日，法国教育部公布了一份关于高中改革的重要文件——《面向21世纪的高中》。文件阐述了未来高中的整体改革设想及改革目标，主要内容有以下几个方面：

其一，职业教育的基本要求。职业教育必须做到"普通教育、职业培训和经济环境中的平衡"，要使学生在接受职业教育的同时，获得所有高中学生都应具备的文化知识，获得从事职业工作的必要能力。

其二，职业高中的发展方向。在规划地区职业教育发展的同时，促进"职业教育极"的诞生。所谓"极"，意味着尖端。职业高中应当根据自身条件，在某一专业领域突出发展，形成特色学校，如汽车专业学校、时装专业学校和旅馆专业学校等。

其三，职业高中文凭的重新规范。职业高中文凭具有双重意义，即证明相应的普通文化水平和确认职业能力与技能。这种证明是在由各行业专家构成的职业咨询委员会的广泛参与中实现的。职业高中文凭可以通过学校教育、学徒培训、继续培训或资格考核等不同方式获得。

其四，职业教育机构的组织模式。职业高中将不单纯是中等教育机构，还可以设立短期高等教育，招收职业高中会考毕业生，进行高级技术员的培训。

为了切实改变过去职业教育的不良形象，在教育部长的倡导下，法国于1999年3月14日至4月4日举办了"职业教育新形象"电视专题节目，掀起了提高职业教育地位的运动。节目由毕业于职业高中的法国足球队教练雅凯主持。在节目中，有招收职业学校毕业生的企业介绍情况，有从职业学校毕业不久的青年畅谈体会，有获得成功的职业学校老毕业生的现身说法，还有全法职业大奖赛得主的荣誉出场。

与此同时，各地教育部门组织各类展览、讲座，安排学生和家长与企业家见面等活动。法国就业指导信息中心还为此开设了热线电话，为所有关心职业教育的人提供咨询。

人们试图通过这些活动，使社会更加了解职业教育，吸引更多的青年通过职业教育的途径获得教育，从而降低失业率。

第五节 法国职业教育发展的启示

法国职业教育虽然走过很多弯路，至今仍未受到社会的重视。但是事物的发展不是一成不变的，终有一天，职业教育会展示出自己的风采。法国职业教育的发展有以下几个方面的启示：

一、顺应工业发展，实行强制性职业教育

法国能够在发展工业的同时，通过立法的途径，强制企业履行实施职业教育的义务，既促进了职业教育机构的发展，又保证了企业对人才的需求。在教育经费方面，法律规定企业在完成各项缴税义务后，必须承担至少两项支出：一是要求企业按上一年职工工资的 1.5%的比例提取继续教育经费，用于本企业职工的在职职业培训；二是按上一年职工工资的 0.5%的比例缴纳"学习税"，用于支持职业技术教育的发展。

二、密切联系企业，实行交替教学

职业教育文凭的设置，由各行业专家构成的职业咨询委员会与教育部门共同确定，使培训内容与实际要求相适应。同时，用整个教学 1/4 的时间安排企业实习，培养学生的实践能力。

三、注重基础建设，逐步转变职业教育形象

近年来，法国政府加大了投资力度，职业学校的办学条件有了根本提高，教育质量逐步提高，毕业生就业率逐渐提高。职业学校毕业生就业比例的提高，逐渐纠正了社会对职业教育的偏见，特别是增设的职业高中会考文凭，为学生通向高等教育架起了实际桥梁，为青年进一步学习提供了可能，吸引着越来越多的青年接受职业教育。

四、注重职业教育与普通教育的协调发展

在法国的普通教育中，从小学到大学普遍开设职业教育课程，使学生从小就接触关于生产技术等方面的基础知识。在高中和大学阶段，注重现代科学技术教育，开设职业教育选修课。法国职业教育的课程设置在加强专业基础课和专业课教育的同时，重视普通文化课程，拓宽基础知识教育，全面提高学生的基础文化水平。职业教育和普通教育在保持各自特点的同时，相互渗透、相互协调，力求使学生得到全面发展，更加适合社会发展对人才提出的新要求。

五、课程设置注重理论与实践相结合的原则

法国职业教育课程设置在注重普通文化教育和专业基础教育的同时，特别注重理论与实践相结合，通过理论课与实践课交叉并进、相互补充、独立考核的形式，形成实践教学与理论教学平行的独立体系，从而培养学生的专业技术技能和实际动手能力。中等职业技术教育，如职业高中的课程包括普通文化课、职业课和实习课三部分，而职业高中每周为34～36学时，其中实习课每周占15学时或16学时。一般来讲，在高等职业技术教育中，每年大学技术学院的课程安排有33周，每周有35个学时，2年中有6～12周的实习课。高级技术员班每周为32～35学时，2年中有6～9个月的实习课。通过以上数据可以看出，法国职业技术教育的课程设置非常注重理论与实践的结合，实践课的比例一般都占整体课程学时的1/3以上，个别专业所占的比例甚至更高。

六、注重学生综合素质的提高

当今时代，科学技术日新月异，接受单一岗位的职业技术教育已无法应对现代社会面临的环境以及文化冲突、就业困难等一系列重大问题。因此，法国的职业技术教育强调拓宽基础知识覆盖面，淡化专业，打破学科间的堡垒，以加强学科间的联系，从而提升学生的综合素质。为了适应法国社会政治、经济、科技发展的需要，法国职业技术教育的课程设置体现了综合性原则，在保持自身特点和教育功能的同时，既有职业课程教育，又与普通教育、职业技术教育体系中的不同专业相互补充、相互影响、相互促进，成为促进法国经济发展的有力支柱。

七、企业积极参与职业教育

法国在职业教育领域实行改革的主要措施之一，就是加强与企业的合作。法国许多大型的企业率先建立了自己的职业技术学校，一些工商业组织也成立了职业培训中心。近年来，越来越多的法国中小企业认识到，支持职业教育不仅会给企业带来人员培训等方面的便利，而且对企业本身也是一种极好的自我宣传。学校也认识到，加强学校与企业的合作，是发展职业教育的必由之路。企业为学生提供了真实的职业生活空间，使学生切实掌握了职业技术，培养了良好的职业行为习惯，并体会到了职业角色的真实感受。法国企业在职业技术教育中扮演的角色越来越重要，企业对教育的参与意识和责任感在不断加强。

八、政府重视，职业教育备受社会关注

职业教育是法国教育中一个很有特色的部分，从学徒教育，中等短期、长期职业技术教育到高等职业技术教育，法国的职业教育形成了一套完整的培养人才的机制，而不是普通义务教育的一种补充。法国政府对职业教育的投入逐年增加，到 2005 年，对职业技术教育培训的投资已增至当年教育经费的 25%。法国中等和高等职业学校的校长均由国家教育部任命，国家和大区政府都设有专门的职业教育督导机构。政府的重视，使

职业教育备受社会关注。许多企业不再满足于每年交纳法律税额，而是主动增加纳税数额，直接交给与自己有合作关系的学校，或资助优秀毕业生到国内或国外大学深造，以此投资教育。省级咨询信息中心是一种国家职业信息机构，它以多种形式，为学生提供各种专业的就业前景信息与就业出路，在法国，约有 600 个省级咨询信息中心为学生提供更为具体的就业指导。

第五章 "一带一路"背景下中法职业教育比较

2024 年是中法建交 60 周年。2024 年 5 月，在习近平主席访法期间，提出要加快中法人文交流"双向奔赴"，要以中法文化旅游年为契机，推进中法两国在教育、体育、影视等领域的合作。6 月 21 日，中国教育部与法国高等教育和科研部在巴黎共同举办中法教育发展论坛，共商共议中法教育发展大计。

中法两国都拥有璀璨的文化和悠久的历史，友好交往源远流长。中法两国一直是教育交流的先行者和合作者。携手走过一甲子，中法两国在教育合作和人文交流方面结出了累累硕果。

第一节 中法教育体系比较

一、中法教育体系的组成部分及对比

中国的教育体系大致可分三部分，即基础教育、中等职业技术教育、普通高等教育，法国的教育体系也可以分为三部分，即初等教育、中等教育、高等教育，中法两国的教育体系之间存在着一些差异，在教育体系中，各个阶段所包含的内容有所不同。中国的基础教育包括学前教育和普通初等、中等教育；中等职业技术教育主要包括普通中等专业学校、技工学校、职业中学教育，以及多种形式的短期职业技术培训；普通高等教育指专科、本科、研究生等高等学历层次的教育。法国的初等教育包括学前教育和小学教育；中等教育包括初中教育、普通高中教育和中等职业技术教育；高等教育主要指的是

大学教育。

经过比较不难发现，虽然中法两国将不同的教育阶段划分在不同的体系中，但纵观整个教育体系，两国的教育体系中所包含的内容都相差不大，下文将从两国的初中教育、普通高中教育和高等教育方面进行一些简单比较，主要分为以下几个方面：

（一）初中教育与普通高中教育

在这个阶段中，中法两国之间明显的差别就是学制不同。中国的初中教育为 3 年，普通高中教育为 3 年；而法国的初中教育为 4 年，普通高中教育为 3 年。这一阶段的教学质量决定着青年一代的未来与国家的经济发展，因此无论是在中国，还是在法国，中学教育都受到了极大重视。汪凌在《全球教育展望》中指出，法国历届政府均重视教育，并采取了许多改革措施以促进教育的发展，他们以提高全体青年文化水平为己任，要求"80%的青年要达到高中毕业的水平"，以此迎接不同的挑战。同样，我国国家数据局的统计数据足以说明我国中学教育事业的发展：1999 年，全国共有普通初中 6.44 万所，招生数为 2 183.44 万人，在校生为 5 811.65 万人；初中阶段毛入学率达到 88.6%，初中毕业生升学率达到 50%。1999 年，全国共有普通高中 1.41 万所，招生数达 396.32 万人，在校生达 1 049.71 万人。但中国的中学教育事业有一个很大的缺点，即应试教育无法实现学生的全面发展。

（二）高等教育

法国的大学教育与我国最大的不同在于学制方面。我国的大学本科是 3～8 年制，一般为 4 年，专科为 2 年或 3 年，医科为 5 年。硕士研究生为 2 年或 3 年，博士研究生为 3 年。法国的大学和学院教育分三个阶段，从第一阶段到第三阶段，只要每个阶段结束时成绩合格，都能得到国家授予的文凭。这个文凭并不意味着你可以进入更高一阶段的学习，但你能据此进入同阶段的其他学科学习。第一阶段中学毕业文凭持有者可进入大学第一阶段的学习，为期 2 年，成绩合格者可获得普通高校学业证明或科学与技术高校学业证明。第一阶段毕业证书的持有者可进入第二阶段的学习，为期 2 年，第一年考试成绩合格即可获得学士学位。如果选择继续学习 1 年，则可获得硕士学位。第三阶段意味着进一步深造，第二阶段以上的文凭是进入此阶段的必要条件。

与中国的高等教育相比，法国的高等教育具有以下两个特点：

（1）学制多样、互相渗透，培养学生能够适应人才市场的就业需求。大学三个阶段的教学既互相联系，又相对独立。学生每修完一个阶段，学校都会发给学生相应的文凭，既可以走向社会、选择就业，又可以继续深造。法国的高等教育允许综合大学与工程师大学的学生相互插班，满足学生对理论与实际技能两方面的知识需求；允许学生在本校或在其他学校同时进行两个专业的学习，可以同时获得两个及其以上的学位和文凭，也允许学生在学习过程中改学另外一个专业。

（2）注重应用，面向实际，重视实验和实践性教学。

二、法国教育体系的特点与优势

法国的教学体系注重应用性，教学计划通常由课程和实习两部分组成。开放式教育是法国教育体系与中国教育体系最大的不同。法国大学的专业学习无课本，上课时由教师发放讲义。学生上课以记笔记为主，提倡自主学习。此外，法国还注重培养学生的创造性思维，旨在培养学生分析问题和解决问题的能力，案例分析在法国的大学学习中占有很大的比例，尤其是经济、管理、法律等专业。法国为学生提供的实习机会更是法国大学教学计划的一个重要组成部分，实习期长短因学校和专业不同而异，学生在企业实习结束后要写实习报告，实习报告也有严格的内容要求，学生还要根据所写的实习报告进行答辩。

第二节 中法职业教育体系中第四级教育的比较及启示

在改革与发展、规划与统筹的时代背景下，国家出台了一系列关于大力发展职业教育的指导性文件，着力强调建设能够适应经济发展方式和产业结构调整要求、体现终身教育理念、中等和高等职业教育协调发展的现代职业教育体系。促进中高等职业教育协调发展是建立现代职业教育体系的基础性工作，而两者的有效衔接是促进中高等职业教育协调发展的核心任务。其中，拓宽职业学校毕业生就业面或进入高一级学校相关专业继续学习的渠道，探索中高等职业教育的体系结构是实现衔接的前提条件。在这样的背景下，国家需要发展在职业教育体系中起过渡作用的第四级教育。

一、第四级教育的提出

职业教育结构体系是职业教育系统的外在表现，各个子系统间的协调、衔接和沟通对于职业教育能否为社会培养人才起着至关重要的作用。我国现已形成初、中、高三级层次，分为学校教育和职业培训两种形式，有农、工、商、服务等多种门类，分为职业启蒙、职业准备、职业继续教育三个阶段，并且形成以国家、地方、城乡为区间分布的职业教育网络。

我国的职教体系在取得发展的同时，也存在一系列问题，如各层次之间衔接不畅、教育断层、内容重复、效益不高等。具体来说，我国实行的是在高中阶段分流，参照《国际教育标准分类》，属于三级分流。第三级教育进一步细分为普通教育和职业/技术教育，普通教育为进入高一级教育（第五级教育）做准备，教学计划中没有特定的职业方向；职业/技术教育主要针对的是进入劳务市场就业的学生，学生在这个阶段主要学习相关的专门知识及实用技术。由此可见，我国的教育结构体系存在一定的断层，即缺乏第四级教育。缺乏第四级教育导致的后果有以下几点：

（1）中等职业学校毕业生缺乏继续深造的渠道。

（2）普通高中毕业生升学失败转而就业，缺乏进入劳务市场的职业能力。

（3）第四级教育的教育形式实施不规范，功能定位模糊。

二、中法职教体系中的第四级教育

（一）第四级教育的定义

根据 1997 年联合国教科文组织颁布的《国际教育标准分类》，在教育级别分类中新增设了第四级教育，即高中后教育，学制为 6 个月～2 年。该级教育的目的是为完成第三级教育的人在通向第五级教育和进入劳务市场就业的道路上架设桥梁，为其参加高考、进入第五级教育或学习有关专业知识技能、进入劳务市场就业做准备。学生在完成第四级教育后，可获得由主办机构提供的学习证明或有关方面认可的就业资格证书。根据学生后续的教育或去向，该级教育可以分为 4A，4B，4C 教育，具体内容见表 5-1。

表 5-1　第四级教育分类及其内容

内容分类	招收对象	课程	目的	形式
4A	普通高中或中职毕业生	学习 5A 课程	参加 5A 考试接受高等教育	文化补习班/大学预科班
4B	高考落榜生或职校毕业生	学习 5B 课程（职业教育内容）	参加 5B 考试接受高等教育	文化补习/职业培训
4C	未升学的普通/职业高中学生、成人和从业人员	专业知识和技能	就业、取得资格证书或提高知识技能水平	相当于全日制的持续学习时间<0.5 年、>0.5 且≤1 年、>1 且≤1.5 年、>1.5 年的培训

由表 5-1 可以看出，第四级教育考虑到了在升学或就业之前毕业生们非常需要进行此阶段的过渡教育，从而为自身发展奠定扎实的基础，也注意到了如今提倡教育公平、终身学习的教育理念。

（二）我国第四级教育的现状

中华人民共和国成立以来，我国的教育事业随着经济的腾飞而蒸蒸日上，职业教育备受重视，其中就包括国家对职业教育各层次的衔接问题的关注。

1.国家政策的大力支持

1985 年发布的《中共中央关于教育体制改革的决定》指出，高等职业技术学院要优先对口招收中等职业学校的毕业生；1998 年发布的《面向 21 世纪教育振兴行动计划》提出，要努力建立符合我国国情的职前教育与职后培训相互贯通的体系，使初等、中等和高等职业教育与培训相互衔接，并与普通教育、成人教育协调发展；1999 年，教育部印发了《关于调整中等职业学校布局结构的意见》，提出要建立起统筹规划、相互沟通的中等职业学校布局结构，要淡化中专、职高、技校之间的界限；2002 年，教育部再次强调，"扩大中等职业学校毕业生进入高等职业学校继续学习的比例，适当增加高等职业教育专科毕业生接受本科教育的比例，根据专业实际需要，适度发展初中后五年制高等职业教育。"

随着职业教育的深入发展，教育部办公厅自 2006 年 3 月发布《关于中等职业学校面向未升学高中毕业生开展职业教育与培训的意见》（教职成〔2006〕3号）之后，又连续出台《关于切实做好中等职业学校招收未升学高中毕业生管理工作的通知》，并在文件中提出，符合高中毕（结）业及同等学力的应往届学生，经过学制为1年的中等职业教育，毕业时颁发学历证书及相应的职业技能证书。2011年9月，教育部印发《关于推进中等和高等职业教育协调发展的指导意见》（教职成〔2011〕9号）。可以看出，国家虽未明确提出确立第四级教育层次，但这些积极举措为确立第四级教育提供了政策先导，奠定了坚实基础。

2.地方院校的尝试

按照《国际教育标准分类》的界定准则，第四级教育的主要内容为职业技术教育和补习教育。根据这一标准，我国现有的第四级教育形式有如下方面：高中后半年和半年以上的高考补习及职业培训；现行的4年制中专，前3年属于第三级教育，3年以后属于第四级教育；高中起点的中专，高中阶段属于第三级教育，高中阶段之后的中专教育属于第四级教育；高中毕业生接受的1年制中职教育；少数民族预科班和大学预科班等。

中华人民共和国成立前，我国在一些学校专设过1年制的预科班，后逐步取消。中华人民共和国成立后，民族学院先后开设了一些民族预科班，在其他一些高等学校、中等专业学校和成人高等学校相继举办了相当数量的少数民族预科班。后来，还针对以破格方式录取的大学少年班学生、高水平运动员、学生干部和特长生等，开设了大学预科班。我国的预科班涉及范围有限、受众面窄，但这种形式的确起到了良好的衔接作用。

（三）法国职教体系中的第四级教育

法国拥有约6 380万人口，分布在法国大陆22个省和4个海外大区。在法国大陆，学生总数达到1 500万人，占法国总人口的1/4，其中，初等和中等教育层次的学生约为1 211万人，职业高中学生有72万多人，普通和技术高中学生有151万人，这三类学校的学生总数约占法国高中阶段学生总数的30%。还有部分高中阶段的学生，分布在法国的各种综合高中、学徒培训中心、短期补习班等教育机构中。虽然法国职业教育起步较晚，但在政府的大力支持和不断改革下，职业技术教育已经形成了较为完整的体系，基本实现了纵向各层次间的灵活升学和横向各类型间的功能互补。

法国职业教育体系中第四级教育的主要形式有大学预备班、短期补习班和高中会考文凭课程，学徒培训中心承担了部分第四级教育的责任。无论是从职业高中毕业，还是从技术高中毕业，或者是从学徒培训中心结业，成绩合格者都可以取得相应的职业学习证书和职业能力证书。

如果取得证书的学生想继续进修，主要有以下六种途径：

（1）通过 1 年的学习，取得"职业证书"。

（2）通过 2 年的学习，即参加职业高中会考文凭课程，获得"职业高中会考文凭"。

（3）进行 1 年的补习，获得"补充证书"，以提高就业竞争力。实施以上三种教育的机构一般不单独设置，而是在职业高中内进行。

（4）通过 3 年的学习，取得"技术高中会考文凭"或技术员证书。

（5）成绩优秀者可以进行 2 年的大学校预备班学习，经过选拔考试合格后可以升入大学校，接受工程师教育，成为工程师。

（6）学徒培训中心也有开设高中会考文凭课程和进行短期补习的资格，并颁发相应证书。

以上六种方式可以使毕业生们从初级技术员成为中级技术员，获得法国四级证书。这就是法国职业教育体系中第四级教育扮演的重要角色。法国不同层次、不同类型的职业教育之间的文凭互认，实现了学生升学就业的独特优势，国家将毕业文凭与技术职称挂钩，使职业技术学校学生的毕业文凭与劳动就业中心的技术职称实现了吻合。这样的相互融通是"一校多能"的体现，更是法国第四级教育体系成熟的表现。

三、法国实施第四级教育的特点及启示

对比中法职教体系中的第四级教育可以看到，架构教育"立交桥"是职业教育体系追求的共同目标，两国的职业教育起步都比较晚，但是都在努力建构适合本国国情的职业教育体系。所谓教育"立交桥"，是相对于教育"独木桥"而提出的。"千军万马闯独木桥"是对我国高考的形象描述，这种局面的形成与我国的教育体制有着密切的关系。而"立交桥"是多渠道的沟通与连接，架构教育"立交桥"，不能只把思路限制在高校扩招、学校升格、增加学校数量上，这只是铺宽"独木桥"，而不是构建"立交桥"。我国已有的实践经验和法国的第四级教育经验，开拓了我国教育体系建构的思路，主要有以下几个方面：

（一）将过渡教育与补充教育相联系

过渡教育就是在教育过程中起承上启下的作用的教育，主要强调对原来教学内容的强化，重在课程内容的接续，使学生进入另一教育阶段的困难降低；而补充教育则强调通过学习获得新的知识技能。第四级教育不仅要为解决中、高等教育间的衔接问题做出贡献，还应积极为高中阶段的毕业生进行适当的补充教育，将"毕业即失业"变成"毕业后接受补充教育然后更好地就业"。这种教育形式符合我国倡导的对职校毕业生持有"双证书"甚至"多证书"的要求。

（二）将取得文凭与考取证书相联系

通过法国的第四级教育的实施可以看到，法国第四级教育的施教机构仍然是各类高中和培训中心，受教人群也大多是应届毕业生。法国的第四级教育体系充分利用了原有的资源，在明确的升学与就业目标的指引下，为这些学习者提供了再进步的机会。法国第四级教育开设的高中会考文凭课程是其主要的教育内容之一，这主要是因为"职业/技术高中会考文凭"是学生进入高等职业教育的通行证。另外，法国第四级教育还拥有颁发证书的权力，而且其颁发的职业技能等级证书在社会上有极高的认可度，能够保障学生的就业。第四级教育既可以授予文凭，又可以颁发职业技能证书，将两种功能联系在一起，充分提高了教育效益。目前，我国的中职学校和培训机构也可以尝试开设这样的过渡教育，在仔细分析现状的基础上把握规律、灵活实施。

（三）将预科教育与升学就业相联系

我国的预科教育开展较早，但是规模不大，其功能也没有完全发挥。预科教育具有预备、准备的作用，中职学校和培训机构可以设置两类预科教育：为升学而设置的预科教育要与高职教育衔接，但应避免过多重复；为就业而设置的预科教育应与职业资格证书的获取对接，以增强学生的就业竞争力。

在我国的职业教育中，虽有相当于《国际教育标准分类》中第四级教育作用的一些教育形式，但这些教育形式在学制上没有脱离中等或高等职业教育，没有将其作为第四级教育的地位和功能凸显出来。第四级教育承担着多种教育功能：一是可以满足中职毕业生继续深造的需求；二是可以满足每年400多万高考落榜生接受升学补习和就业前职业教育的需求；三是可以通过这一级的过渡教育，为众多青年提供接受高等教育的"第二次机会"，拓宽青年的发展之路。所以，要真正发挥第四级教育的作用，首先应确立其在我国职业教育体系中的地位。此外，要优化职业教育的层次结构，发展各种形式的补偿教育，使中职毕业生拥有进行文化补习、继续学习的机会，使普通高中毕业生也有接受职业培训、通向劳务市场就业的机会。此外，还应坚持学校教育与各类职业培训并举、全日制与非全日制并重，发挥中职教育的基础作用和高职教育的引导作用，通过确立第四级教育，架构我国职业教育的"立交桥"。

第三节 中法高等教育经费来源的比较

随着各国高等教育的不断发展，高等教育经费紧张成为世界各国面临的一个共同问题，各国都在积极拓展渠道，建立筹资体系，中国也不例外。中国政府自1998年起实施了高等教育扩招政策，到2003年，全国各种形式的高等教育在校生已达到1 900万人，高等教育的毛入学率提高到17%，我国提前实现了大众化高等教育的目标。高等教育规模的扩大，使中国原本就不足的教育经费更加捉襟见肘，只有通过建立、完善符合中国国情的多渠道筹资体系，才能从根本上解决这一难题。建立合适的筹资体系，不仅要详细了解自己的情况，而且要放眼世界，学习其他国家的成功经验。

一、中法高等教育的基本情况比较

法国的高等教育机构是指中等教育后的所有科学、文化职业性公共教育机构，它包括大学、大学校、短期高等教育机构和大型科学文化教育机构四种类型。其中，大学指的是综合大学，历史悠久，学科齐全，是学生接受高等教育和从事科学研究的主要场所，主要任务是培养教师、研究人员、公职人员、律师等，颁发全国统一的高等教育文凭及学位。大学校是政府官员、企业领导人、工业研究人员、工程技术人员、金融和商业管理人员的培养基地。大学校的规模一般都不大，采取择优录取的形式，招生名额有限，与企业的关系较为密切。短期高等教育机构主要是2年制的大学技术学院和高级技术员班。大型公共科学文化教育机构包括法兰西学院、自然博物馆等。

中国的高等教育包括学历教育和非学历教育，采用全日制和非全日制的形式，国家支持采用广播、电视、函授及其他远程教育方式实施高等教育。高等学历教育分为专科教育、本科教育和研究生教育。专科教育的基本修业年限为 2 年或 3 年，本科教育为 4 年或 5 年，硕士研究生为 2 年或 3 年，博士研究生为 3 年或 4 年。高等教育由高等学校和其他高等教育机构实施，大学、独立设置的学院主要实施本科及本科以上的教育，高等专科学校实施专科教育。经国务院教育行政部门批准，科学研究机构可以承担研究生教育的任务，其他高等教育机构实施非学历高等教育。

总体来看，法国的高等教育系统比较复杂，四种类型的高等教育机构都有自己的典型特征，培养的人才也各有特色；中国的高等教育呈现条块分割式，不仅有几种类型，而且每个类型呈层级式分布，因此我国有专科、本科学校之分，在本科院校中又有学院和大学之分、重点院校与非重点院校之分。

二、高等教育经费的来源比较

当今，世界各国都在积极扩展高等教育经费的筹资渠道，尽管筹资渠道的多元化内涵和形式不一样，但总体来说都包括政府的财政投入、税收、学费、企业资助、捐赠、继续教育的收入及校办产业的创收等几个方面。从经费来源的角度看，中国和法国的高等教育经费来源具有相似性，在两国的经费来源中，都以政府投入为主导。

（一）政府财政投入

法国是高福利国家，它把教育纳入公共事业，所以教育的大部分经费都由国家拨款。同时，法国重视教育，所以教育经费占国内生产总值的比例很高。法国政府投入教育领域的经费一直在稳步上升，按照 2000 年的物价水平计算，1985 年，法国公共教育经费大约为 4 416 亿法郎，在校学生人均教育费用约为 46 700 法郎；1995 年，法国教育经费约为 5 866.67 亿法郎，在校学生人均经费约为 47 900 法郎；到了 2000 年，教育经费约为 6 454.5 亿法郎，在校学生人均经费约为 53 900 法郎，超过法国国内生产总值 7.39%，其中，高等教育经费约为 1 065 亿法郎。从 20 世纪 70 年代末起，法国的教育经费开始超过国防预算，成为国家最大的一项财政支出。

在 1980 年以前，我国普通高校只有财政性教育经费，从 1980 年开始有了非财政性教育经费。1980—1989 年，我国普通高校累计投入教育经费约为 692.07 亿元，国家财政性教育经费占普通高校教育经费总投入的比例约为 91.77%。进入 20 世纪 90 年代，随着我国经济体制改革和教育体制改革的不断深入，我国普通高校的教育经费结构发生了很大变化，教育经费的来源趋于多元化。

（二）学费收入

法国的公立高等学校是不收学费的，除了享受助学金的学生，大学一、二、三年级的其他学生只交纳数额很少的注册费，交纳的数额视所学的课程和学校而定。法国公立高等教育机构的收费标准由教育部指定，第一阶段以后的课程收费标准由学校决定。法国的助学金有两种，一种是以社会标准发放的，这类助学金是由学生的经济情况决定的；另一种是以大学标准发放的，这类助学金发放的依据是学生的学习成绩。如果学生没有享受到助学金，还可以享受无息贷款。另外，法国有上学的孩子的家庭能够享受子女补贴和减税的福利待遇。父母对孩子承担的经济责任到 18 岁，如果孩子年龄在 26 岁以下，同时正在接受高等教育，父母也能享受子女补贴和减税的福利待遇。

在 20 世纪 80 年代以前，我国普通高等教育的全部办学经费由政府承担。从 20 世纪 80 年代起，我国逐渐建立了教育成本分担和成本补偿制度。1993 年，全国普通高校的学费收入约为 15.96 亿元，占当年普通高校事业经费比例的 12.13%；2002 年，全国普通高校的学费收入约为 390.65 亿元，是 1993 年的 24.48 倍，占当年普通高校事业经费比例的 34.08%，比 1993 年高 21.95 个百分点。到 2002 年，普通高校学费占普通高校经费总投入的比例由 1993 年的 6.64%提高至 26.26%，增加了 19.62 个百分点，已成为仅次于财政预算内教育拨款的第二大来源渠道。

（三）教育税

法国高等教育经费的另一个重要来源是教育税。企业必须交纳工资总数的一部分（大约为 0.5%）作为学徒税。如果企业参与了某一高等学校的雇员培训计划，他们就可以把税金部分用在该培训计划里，不过，大学通过这些培训计划得到的经费是有限的，1997 年大学收到的教育税占法国高校教育总经费的 2.17%，1998 年大学收到的教育税占法国高校教育总经费的 2.23%。

中国针对教育而征收的税费比例很低，1999 年约为 1.0%，2000 年降为 0.9%，2001 年的比例仅为 0.6%，没有很好地开发教育税这一教育经费的来源渠道。

（四）与企业合作的收入

法国高校自 1989 年起与政府签订合同，以得到相应的教育经费，也与企业签订科研合同，与企业合作的收入成为法国高校经费的一个重要来源。1992 年，大学工程与研究的收入占法国高校总经费的比例为 6.65%，工程师学校的工程与研究收入占法国高校总经费的比例为 7.28%；1995 年，大学和工程师学校的工程与研究收入占法国高校总经费的比例分别是 6.36%，5.35%；1998 年，大学和工程师学校的工程与研究收入占法国高校总经费的比例则是 5.99%，5.20%。从数字上可以看到，大学和工程师学校的工程与研究收入占法国高校总经费的比例是逐渐下降的。

在中国，学费之外的其他事业收入，还有高校通过企业、个人为学生提供有需求的课程、培训，或高校通过承接科研合同等途径取得的收入，这部分收入在我国教育总经费中所占的比例相对较高，约在 13%左右，其中包括了继续教育的收入。

（五）校办产业和经营收益及捐赠收入

法国的大学可以创办企业、孵化企业、投资企业，尤其是创办技术服务型的企业。同时，中央政府支持大学办企业，以实现高等学校研究成果的产业化，但在法国高等学校的财务收入结构中没有看到这方面投资获得比较好的效益，也没有在法国高等学校的财务收入结构中看到捐赠所得收入的比例。

相比之下，中国的校办产业和经营收益所得收入也很少，并且呈现下降趋势，1998 年，这类收入占中国高校教育总经费的比例约为 2.1%，到了 2001 年，这类收入占中国高校教育总经费的比例仅为 1.4%。中国高等学校获得的捐赠收入也很少，从 1998 年占高校教育总经费的 2.1%下降到 2001 年占高校教育总经费比例的 1.5%。由此可以看出，我国的这两项收入是非常有限的。

（六）其他收入

法国高等教育经费还有其他几个来源，包括所占比例较高的研究收入，此项收入在法国高校教育总经费中所占比例，大学平均超过 5%，工程师学校平均超过 11%。此之，还有金融产品收入、特殊产品收入等。

中国的教育经费来源还有教育基金、学校贷款等。这几项合起来，在中国教育总经费中所占的比例，1998 年是 6.4%，2001 年则是 5.5%。

通过比较可以看出，法国和中国职业教育的经费来源大致相似，但是构成比例却有所不同。在法国的经费来源中，国家投入占绝对比重，接下来就是继续教育收入和与企事业合作收入，最后是教育税、学费和其他收入等。中国的国家财政性教育经费虽然每年都在增加，但是中国的国家教育经费占 GDP 的比例远远低于法国，国家拨款仍然是高校总经费的主要来源。在职业教育经费问题上，政府应加大资金投入力度，在高等教育经费来源中，政府的投入要占主导地位。在其他渠道来源上，应通过法律、税收等杠杆加以调节，使教育税和社会捐赠的收入增加，还应加大与企事业单位的合作，并扩大继续教育的收入，经营、管理好校办产业。

第四节 中国与法国 IUT 高等职业教育比较

一、法国的教育体系

法国的教育体系分为精英教育和普通教育，普通教育又分为普通大学教育和职业院校的科技学院教育。法国大学科技学院（Instituts Universitaire de Technologie，以下简称 IUT）于 1966 年成立，目标是培养既能懂得一定的科学技术知识，又能从事实际工作的高级技术人员，如工程师、研究人员和高级管理助手。法国的职业教育一直处于欧洲乃至世界的先进水平，在法国的教育体系中，受 IUT 教育的学生年龄为 18～22 岁。

IUT 是法国大学的一部分，在法国 87 所公立大学中共有 113 所科技学院。IUT 与法国大学内其他教学单位，如文学院、理工学院、法学院、经管学院一样，属于综合性大学的一部分，为法国大学高等教育的第一阶段，但 IUT 在录取和教学安排以及学制上有其独特性。学生进入 IUT 学习，修完 2 年专业教育后，即可获得大学科技学位（Diplome Universitaire de Technologie，以下简称 DUT）。在法国，获得 DUT 的学生可以直接就业，也可以继续在 IUT 学习 1 年获取职业学士学位，之后可以进入综合性大学继续攻读职业硕士学位。

IUT 的培养目标是企业的中层管理者。进入 IUT 学习，需要学生提出申请，学校在收到申请者的材料后，会进行选拔。IUT 的主要教学特点是理论与实践相结合。

二、法国 IUT 职业教育的特色

法国 IUT 比法国本科的学时多了将近一倍,为 1 800 学时,共 2 年。学生在 IUT 的学习时间非常紧凑,如果学生不按规定到学校上课而旷课到一定学时,学校有权决定其去留。法国的 IUT 学习没有补考,如果学生在学习过程中有的课程没有学好,最后没有通过考核,需要重修。法国公立大学的学费由政府承担,无论是本国学生,还是外国留学生,均可享受一样的免费待遇,只需每年交 300~400 欧元的注册费和保险费。若有学生连续 2 年留级,学生将被要求重新申请普通大学继续学习,并取消其留校资格。

法国 IUT 的各个专业淘汰率各不相同,但是竞争非常激烈。IUT 教育采取 20 分制,10 分为及格,若各科中有一科不及格,则需重修全年的课程。IUT 的学生每年的淘汰率约为 15%,由于存在较高的淘汰率,IUT 学生学习的积极性、主动性非常高,竞争压力也非常大。

IUT 学校除了 CM 课程是由教师讲授,其余的 TD 课程和 TP 课程都是以学生主动学习探索知识为前提。而在 IUT 的课程中,CM 课程所占的比重相当小,一般低于整门课程的 1/4,也就是说,一门课程一般有 3/4 以上的学时是需要学生自主学习的 TD 课程和 TP 课程。在这些形式的课程中,教师不会集中授课,而是采取一对一辅导的方式,学生在自我学习和提升的过程中遇到问题后可以向教师咨询,教师对疑问进行启发性解答。因此,法国 IUT 的教育强调学生的第一位置,学生是整个学习过程的主角,教师只是一个辅助者。

三、中国高等职业教育可以借鉴的内容

(一)培养以学生自我学习为主的教学方式

法国的课程科目多,学时少,要求学生具备良好的个人综合素质,包括主动学习、自我约束、与小组成员共同合作等能力。

在法国 IUT 课程的教学过程中,CM 课程占的比重非常小,教师和学生都认为在TD 和 TP 这种"一对一"的教学模式中,学生能学到更多的知识。在这种"一对一"的模式中,要求学生必须自主学习,只有遇到问题后,才能够与教师进行交流并且获得"一

对一"解答的机会，如果学生没有自主学习的习惯，会一无所获。因此，我国的职业教育应培养学生主动学习和主动寻找问题的能力，这是赴法学生必须具备的能力。

（二）法国的公共教学资源平台

法国有一个全国教师的网络资源平台，在这个平台上，每个教师有自己的账号和密码。法国教师会把自己开发的一些案例等资源上传到网上，进行资源共享。这个教学资源平台学生也可以访问，很多教师在课堂教学中会使用这个平台来发放教学资料、收取学生作业等。有些课程是需要几个不同专业的教师和一些不同专业的学生共同来完成的，通过这个教学资源平台，教学资源能够得到充分共享和利用。

（三）法国的专业实习课程由学生自己策划

市场营销专业在第二学期有为期2周的实习，我国学生要在第二学期和第四学期完成300个小时的课外实践，其中包括2周的企业实习和120小时的课外实践，有很多是需要在国外完成的。在整个过程中，教师只起监督和指导作用，具体活动的所有策划过程都是由学生完成的，这与我国的实习有很大的区别。

（四）法国的职业规划课程能让学生体验自己将来所从事职业的各个岗位

以网络与通信专业第二学期的 PT 课程为例，课程内容是实现一个店铺的运营，这个运营包括编软件、做网站，然后用社交软件做宣传，办理各种经营许可证书，还有管理、沟通等，分工特别细致，几乎囊括了学生在这个行业里能够从事的所有岗位。通过这个 PT 课程，学生能知道所有相关岗位的工作内容，在课程中可以通过报志愿的方式，选择自己的岗位。该课程强调学生的团队合作意识和个性发展，学生在完成这个 PT 课程的过程中，也会接触到自己所学专业能够从事的各个岗位，了解到与专业相关岗位的工作内容和特点，能体验各工作岗位是否适合自身的情况，这对学生将来的就业会有很大的帮助。

四、亟待解决的问题与方法

（一）学生的自制和自理能力的培养

来法国学习的学生需要有很强的自理能力和自制能力，包括自律的生活习惯、主动学习的能力、自主的学习习惯等。如果没有很强的自理能力和自制能力，学生来法之后的融入度会受到很大影响。法国院校的学生没有晚自习，下课后的时间一般是由学生自己安排。

此外，学生需要敢于表达。我国学生大多比较含蓄，不愿意表达，但是在占课程很大比重的 TP 课上，需要学生与教师进行一对一的沟通，同组学生之间也需要小组合作和交流，勇于表达自己的观点和想法，在课程内容开始到结束的整个过程中都占很大部分。所以，教师在教学中也要逐渐培养学生的表达能力。

（二）教师对多科课程融会贯通的综合能力

在法国规定的教学计划中，各专业开设的课程科目较多，单门课程的学时数较少，同一科课程可能在多个不同的学期开设，每个学期的内容逐渐加深，并且与我国的同一门课程相比，涉及的知识点总数虽然少，但是需要用到的知识可能是我国同一个专业多门课程知识的综合，因此要求教师具备专业综合能力，要了解本专业的多门课程知识，并精通其中至少 1 门或 2 门课程。

法国教师在讲课过程中很少使用 PPT，一般只有在 CM 课上会用 PPT，但是 CM 学时占整门课程的比重较少，在占整门课程较大比重的 TD 课程和 TP 课程中，教师上课采用的方式更多的是与学生一对一、面对面沟通和交流，因此需要教师具备融会贯通的能力。

第六章 "一带一路"背景下中法职业教育合作路径

　　法国是最早与我国开展教育交流的西方大国之一。中法建交后，中华人民共和国向法国派出了留学人员，开启了以留学生为使者的中法教育、文化交流。改革开放后，两国互派学生的规模大幅增长，两国留学生的交流推动了中法关系持续深入发展，增进了两国人民的友谊和互信。

　　国之交在于民相亲，民相亲在于心相通。"学法语""学中文"成为打开两国文化交流、文明互鉴和民心相通大门的"钥匙"。法国的思想和文化吸引了大量中国学子，而法国留学生也对中国文化情有独钟。为促进双向留学，中法两国采取了多项切实行动，包括互设奖学金、加大宣传力度、打造留学品牌项目等。两国教育部门于 2020 年初更新了关于高等教育学位和文凭互认的协议，基于该协议，中国高中毕业生无须提供高考成绩即可赴法留学。2023 年 11 月，法国外交部宣布，持有中国或法国硕士文凭的中国学生，只要在法国学习一学期以上，就可获得由法国颁发的为期 5 年的往返签证。这些政策和措施，都有利于中法两国开展职业教育合作。

第一节 中法职业教育合作的现状及问题分析

　　在中法职业教育合作的过程中，作为合作主体的中法双方，有许多环节都需要进行磨合和对接。中法职业教育的合作，主要体现在学术制度、合作政策、事务管理、教职人员和学生的跨文化交流等方面。

一、学术制度

（一）课程设置

在职业教育国际化进程日新月异的今天，在中法职业教育机构合作的过程中，课程的国际化与合作成为其中的重要标识。当下，涉及学术制度方面，中法合作的课程从目标设置到实施，都在保留其自身特点的前提下，进行了相应的融合。

1.融合方式

（1）教学目标的融合

无论是中国，还是法国，在选择进行职业教育国际化和双方进行合作的那一刻起，就开始有意识地朝着共同的教学目标去发展。虽然中法两国各自的职业教育理念有很多不同的地方，但双方都在使自己的人才培养目标朝世界标准靠拢。

随着职业教育全球化的发展，世界上很多国家的未来职业教育发展趋势都逐渐形成越来越多的共同点，如经济合作与发展组织（Organization for Economic Co-operation and Development，简称 OECD）中的国际学生评估项目（Programme for International Student Assessment，简称 PISA）提出的"全球胜任力"，要求学生能够与自己文化背景不同的人进行适当有效的沟通互动，能够理解和欣赏他人与自己不同的看法和价值观，能够分析和审视本地以及全球的跨文化问题，能够有为集体做贡献的精神和行动。这些能力所强调的重点和范围有所不同，但它们都有一个共同的目标，即促进学生对世界的了解，使他们能够表达自己的观点并能够参与社会活动。国际学生评估项目通过对全球胜任力的定义和评估，提出了一种新的观点，对现有的教育模式和教育理念做出了贡献。在职业教育领域，这些概念基础和评估指南不仅可以帮助各国政府检测职业教育系统的进步与发展，而且能够帮助决策者和高校领导人创建学习资源和设置课程，将"全球胜任力"作为一个培养全面人才的目标。

中国与法国职业教育之间的合作以及学术制度方面的融合，涉及两个国家之间的文化、价值观的融合，所以中方和法方的合作者都应考虑在日趋全球化的背景下，如何帮助学生成为拥有"全球胜任力"的国际化人才。要达到这个目标，教学内容设置、课堂教学方式、课外活动设计，以及教育环境布置，都成为培养学生的重要方面。将"全球胜任力"目标放进合作办学项目的所有课程中，通过课程和教学过程来实现"全球化"，无论是哪一种类的课程，都可以从具体的现实问题入手，培养学生的全球化意识和能力。

对于中法合作课程体系的建设，首先应该以教育理念中的共同点为目标，提炼不同学科的总概念。在设计合作课程之前，应做好充分的研究，将各个学科在培养学生相应能力的过程中将会做出的贡献提炼出来，这样才能制定出好的教学方案，使学生在学习的过程中充满方向感。其次，应该以"全球胜任力"为目标，进行教学内容的选择。世界处在不断变化的状态中，因此合作方案中的教学内容也应该与时俱进。此外，根据核心目标来安排教学方法是必不可少的一个环节，应该依据人才培养的核心目标制定合适的评价方式。总的来说，要共同培养具有"全球胜任力"的人才，要着眼于学术体制中的课程设置环节。中法合作办学的课程设置要本着拓宽学生国际视野的方向，融合中法两国各自的教育精髓，建立相互融合与互相适应的课程体系，并在这个体系中使课程具有更广阔的包容性和选择性，发挥其独特的作用。

（2）课程的融合

由于中法两国在课程设置方面存在很多不同的地方，如果在中外合作办学过程中没有细致地研究两国课程设置的差异，就会使得中法合作的课程设置只是在一定程度上将中国和法国的课程进行直接拼凑，导致各门课程之间缺乏相应的衔接性和关联性。

从课程设置的模式上来看，法国高校通常是以知识点为中心，用模块化的方式组成各种课程，这种类型的课程设置注重的是知识的模块化和传授方式的分段式。我国高校则将课程划分得比较细，这使得课程内容的覆盖范围在某种程度上较为偏窄，但同时又具有较高的专业性，这在一定程度上限制了学生发展基本技能和培养综合素质的机会。

从课程设置的理念上来看，法国高校注重对学生的实践技能、创新精神和思维方式的培养，在教学过程中，利用课程与现实相结合的实时性，锻炼学生接收新知识和技术的能力。

在职业教育课程体系中，除了课堂上教师单方面传授的理论课程，还有学生亲自参与的实践类课程。在我国的高校教育中，课程设置注重的是知识的系统性与理论性，而学生参与的实践类课程相对较少。在教学过程中，知识的深度和广度是我国课程体系最重视的一点，但有些课程中的理论部分没有及时根据当下的学科发展情况进行更新，还有些课程没有做到理论与实践结合，在无形中减少了学生运用理论进行实践的机会。

中法两国进行合作的动机，不仅仅是因为两国是友好国家，更重要的是，中国和法国都意识到两国的学生即将面对的是国际化的世界，而现在进行国际化的教育有利于增强他们今后的竞争力，帮助他们在今后的职业生涯中掌握全面的能力，从而成为一名更好的世界公民，为整个世界的发展贡献自己的力量。

2.中法合作办学案例分析

北京航空航天大学的中法工程师学院和上海交通大学的巴黎高科卓越工程师学院作为中法合作办学的成功代表，很好地结合了国内大学与法国工程师学校的培养模式，创造了一套适应中国国情的培养模式与课程体系，并将法国工程师教育的优势融入国内高校的教学体系中来。下面主要以北京航空航天大学的中法工程师学院和上海交通大学的巴黎高科卓越工程师学院为例，介绍这一办学模式的主要方法和特色：

（1）培养模式

法国的工程师教育独具特色，属于法国大学校精英教育体系，与欧美其他国家以研究为主的常规教育体系有着显著的区别。为了避免并弥补传统公立大学对学生在培养过程中重理论而轻实践的缺点，法国建立了一些专业性更强的学院，专门用以培养实践和应用型的精英和人才。近百年来，这一模式成功地为法国的各个工程领域输送了大量的精英人才。

一般来说，法国学生在高中结束通过会考后，可以进入工程师预科班学习，并在 2 年后参加由工程师学校组织的选拔性入学考试，通过者可开始为期 3 年的工程师阶段的学习。

由于我国现行的职业教育体系更多地借鉴了英美等国家的教育体系，为了很好地融合中法两国不同的职业教育体制，尤其是法国独具特色的"2+3"工程师培养体系，北京航空航天大学的中法工程师学院和上海交通大学的巴黎高科卓越工程师学院借鉴了法国工程师的学历教育体系和培养模式，创建了"本—硕连贯培养"模式，并采取阶段性颁发毕业证书和学位的方式，使其与法国带有选拔性质的"预科—工程师"模式相融合。例如，北航和上海交大的工程师学院均采用 6.5 年的总学制，其中本科 4 年，研究生 2.5 年，与我国普通大学本科和研究生的培养时长保持一致，而在教学方面，则分为 3 年基础阶段和 3.5 年工程师阶段，以便与法国的工程师体系接轨，这一"双轨制"的设计，很好地解决了中法两国不同教育体制在时间安排方面的差异。

目前，中法工程师学院均选择阶段性地颁发毕业证书和学位，在本科阶段结束时，考核合格的学生可以获得国内高校颁发的本科毕业证书以及学士学位，而满足工程师选拔要求的学生可直接进入硕士（工程师）阶段学习，在完成所有学业要求后可获得国内高校的硕士学位以及法国合作工程师学校颁发的工程师文凭（等同于硕士学位）。

结合总学制的设计，这一文凭管理方式可以使学生更灵活地做出深造和就业的选择。首先，由于学生同时有中国和法国大学的文凭，他们可以在就业时灵活地选择，可以更好地被双方的跨国企业和合作机构所认可。其次，一个学生如果在完成工程师的基础教育阶段（相当于工程师的预科）之后，希望前往其他国家深造或者直接就业，则可以凭借其4年制的本科文凭选择其他出路。因此，这一阶段性的文凭管理方法很好地促成了双方培养模式的融合。

（2）课程体系

在"本—硕连贯培养"的教学模式下，结合工程师教育的特色，设计合理的教学体系至关重要。这里必须面对的是，中国学生在进入大学后，不仅要与其他学院的同学一样学习通识课程以及专业课的知识，还要在进一步学习英语的同时，掌握法语这样一门新的外语。在进入工程师阶段后，学生还要学习经管类的课程，以适应企业的需求。因此，学生需要对大量的学习任务进行规划，以更好地实现培养目标。

具体来说，在预科阶段（即本科的前3年），学校应参考法国预科学校课程体系，强化法语、人文和科学基础。例如，北航中法工程师学院建立了数学、物理和工业科学课程群，其课程在数量、学时数、授课内容、教学要求等方面均与法国预科学校相近，在大一就安排了法语数学与法语物理、科技法语等课程，确保学生能在后续课程中顺利完成用法语讲授的数学、物理、工业科学等课程的学习。对于法语方面，上海交大-巴黎高科卓越工程师学院更是在第一个学期就安排了270个学时以上的集中法语语言训练课，并同步设置了一部分课程，专门用法语进行授课。这样的安排，可以让学生尽快掌握法语的基本用法，了解法国文化，使学生能够与法方教师更好地沟通。

在完成预科阶段学习以后，学生便可进入工程师阶段。在这一阶段，学生已经具备了基本的科学与工程素养，并且掌握了法语的基本交流与学术用语，该阶段课程的目标即为强化专业基础、工程技术和管理能力，以及学生的科学研究能力。一般来说，不同学校的合作项目安排略有不同，有的学院以法方合作学校选派资深教师来华授课为主，有的学校的学生则可以前往法方合作学校进行学习。

（3）培养特色

由于结合了中法两国的职业教育模式，中法合作的工程师培养体系具有非常鲜明的特色，具体体现在以下几个方面：

①国际化培养。由于是中法合作办学，这种培养模式的教学过程天然具有国际化的优势，具体包括如下：首先，教师由具有国外学习经历的中方教师和法方合作学校的法方教师组成，参与课程讲授与实习实践指导。其次，由于多方参与，课程中涉及多元文化背景，以及中、英、法三种教学语言。此外，法方顶尖企业以及中法两国的跨国企业

合作伙伴都会参与人才培养的全过程。

除了依托与国际接轨的课程体系和培养模式外，在培养过程中涉及对学生实施多种形式的分期分批派出，并进行全过程管理，包括1学期、1年、2年、实习和短期国际交流等多种形式。

②注重实践教学。除了课堂实验、工程训练外，在整个培养阶段，学生还要完成本科毕业设计、研究生毕业论文研究和三段式实习。其中，本科毕业设计和研究生毕业论文研究在导师的指导下进行，为学生的科学思维方式和探索研究能力打下一定的基础。

三段式实习则是法国工程师教育的特色，包含以下内容：

见习实习（生产实习）：通常在本科第3年结束后的暑假进行，为期1个月，主要的目的是在实习中充分体验岗位特点，并通过自己的观察、分析，感受实际的工作环境。

工程师实习：在硕士第1年结束后的暑假进行，为期3个月；学生通过参与短期的项目，提高自己的实践、观察思考和分析能力，对工程师的要求有进一步的理解和认识。

毕业实习（实岗实习）：硕士第3年进行，为期6个月；作为一名实岗见识工程师，初步掌握工程师的工作方法并在实践中得到应用，对自己未来的职业规划有更清晰的认识。

③中法工程师学院需要接受来自中法两国教育主管部门的定期评估和认证。中法合作办学机构与一般教学机构相比，面临更多挑战，例如需要更好地处理两国教育设计和管理制度的差异。但另一方面，接受多方的监督，有利于其保证高质量的教学和管理水平，促进其长期发展。

（二）学分互认

"学分互认"是指在进行合作的各高校之间，通过各自课程学分之间的相互认可或转换，实现对学生学习经历和成效的认可。在学生出国交流的过程中，其在本校的学习中可以获得学分，在合作高校的学习中也可以获得学分。同样地，学生在一所高校所获得的学分，也可以在合作高校中得到认可。在学分互认的框架下，学生出国学习的选择范围得到了扩大。

1.学分互认的挑战

1953年召开的"关于进入外国高校学习时文凭等值"的欧洲会议中，欧洲的学分转换概念最早被提出。在会议中，"在双方的约定的前提下，根据派出国大学颁发的通知书，东道国大学可以接收学生入学"这一原则被建立，而之后又根据此原则设立了"欧洲学分转换和累积系统"（European Credit Transfer System，以下简称 ECTS）。

ECTS 是法国及其他欧盟成员与欧洲经济区域内约 30 所高校之间共同采用的学分统计系统。这套系统是由欧洲委员会设计和推行的，目的是在各高校间提供一种能对学分进行测量、对照和转换的方法，最终反映学生的成绩情况。

法国采用的学分制沿用的是 ECTS 系统的统一规则。学分、课业量和等级是 ECTS 系统的三个特征要素。学分标准是各国之间进行学分换算的基础，分配学分运用的根据是课业负荷量，欧洲各国都采用了同一种方法衡量教学过程中学生的学习负荷量。学生的学习质量通过等级来体现，学生的考试成绩和评估结果用 7 个等级标准来划分，其中达到合格以上的分数用 A，B，C，D，E 五个等级来划分。

采用欧洲学分互认系统的高校根据系统中的相关参数和学科清单，需提供三类文件：一是需要提供基本信息，包括学校的地理位置、注册程序、有关课程的要求、类型、详细内容、教学方法、评估模式和学术水平等信息，以及对课程的院系进行介绍和描述；二是提供学习协议，这是学生在进行海外交流和学习之前与相关院校签订的，协议上标明了学生即将在海外学习的课程；三是提供成绩档案，这些高校还要提供给学生能代表其学习成果的成绩单和能力证明，主要用于记录学生在出国前后的学习情况，用欧洲学分转换系统的表述方式进行统计和等级评估。当交流结束后，学校在为学生颁发学业证书的同时，还要为他们提供一份文凭说明，对学业证书的性质和内容等情况进行说明。

综上所述，ECTS 便于转移不同高校间的学习经历，使学生的流动性更大，简化了留学的行政程序，为参加各国高校间合作交流的学生提供了学业互相认可的保障。

2.促进学分互认的制度

在西方，国家间很早就开始实行学分互认制度。1999 年，高等教育区域合作计划在欧洲多国之间开启，学分互认便是其中的重要内容之一。这些年来，中国高等教育在逐渐被世界认可的过程中，也加快了促进学分互认措施的制定。中外合作高校之间逐渐出现了学分互认，在中欧教育平台、校际交流和中外合作办学中，陆续开始实行学分互认制度。

但是，在学分互认的实现过程中，一些问题慢慢凸显，最明显的冲突体现在学分换算的问题上，评价方式的不同成为各国高校之间实行学分互认制度的主要障碍。

根据学分互认制度的规定，每个教学单元都有其学分值以及相应的系数，两者等级是相对应的。对学生一学年的学业进行评估的方式有两种：第一种是看学生是否通过了所有教学单元的考试；第二种是看每个教学单元获得的成绩在互补之后的平均成绩，满分为 20 分，10 分即为及格。法国有些高校在实行上述规则的过程中，制定了更细化和个性化的方案，例如南特大学的"学士阶段考核标准"规定，每学期的每个教学单元之间、每学年的每个学期之间的成绩，都是可以进行相互平均互补的。目前，法国实行"3-5-8"学制，即 3 年完成学士学业，2 年完成硕士学业，理论上即可再加上 3 年完成博士学业，学生可以在完成一部分学业后进入另一所大学继续深造，之前累积的学分仍然有效。得到学士学位需要完成 180 个学分，每年需完成 60 学分，完成 1 个学分通常需要 20~30 小时的学习时间。但在我国，1 个学分一般是指 30~40 个学时的课程学习。

此外，正如前文所述，各国之间达成学分互认协议的主要矛盾在于不同国家之间的学术评判标准和质量评判方法不同。对于同一门课程，中国教师往往以讲授为主要方式，而其他国家需要的是学生自己的参与，例如以大量阅读和实践为主，教学理念以及教授方式上的差异并不容易相互融合。

3.学分转换方法

关于学分互认的具体操作方式有两种。第一种是机构主导式，指学分互认是由合作的机构之间进行主要操作，双方在学生签协议阶段就先制定好与学分相关的条款和规则，当学生完成学习提供成绩单之后，便可直接根据合作协议的内容进行学分互认。这种模式的优点是明文规定学分认证条款，使后续的互认工作更加方便、有效率，而且较为公平。

第二种操作模式是学生申请式，是指当学生获得合作学校的学分后，由本人先向派出学校提交学分互认申请，派出学校接到申请之后，仅对学生提供的学习记录进行审核与认证，在此过程中并不再与合作机构发生联系。在这种情况下，合作机构双方是没有协议来书面规定学分互认条款的，这种模式的优点是较为灵活，欧洲的学分转换系统就是运用此种模式来操作的。

（1）法方采取的方法

根据中国与法国学分制的差异，法国一些高校开始尝试将中国的学分度量方法转换成欧盟的学分度量方法。学分认定的方法在各国每所高校中都有差别，因此针对这些差别的解决方案也不同。以下是大部分法国高校认同的几种方案：

①将中国的课程与相对应的法国课程相对照，修完法国课程后得到的学分，就是学生成绩单上最后显示的学分。

②将中国课程与法国课程相比较，从本质上进行分类，对于两国间相近的课程，给予学生的学分数与法国课程的学分数相同，不过在成绩单上会清楚地表明学分是在中国

获得的。

③设定一个转换率，用于计算各种学分间的相互换算。

④不实行根据双方课程与课程比较对照的方式来换算学分，而采取一种更简单的方式：如果学生是一整个学期都在国外交流，则可以考虑以整个学期来替换，而不用对单门课程进行转换。

（2）中方采取的措施

法国学校的计分制用 20 分满分制，根据分数，在法国成绩单上最终会出现一个评语，一般情况下，10 分以上是及格，超过这个成绩才能升学到下一年继续学习，12 分以上是良好，14 分以上是优秀，16 分以上是优异。在学生申请后续学校的过程中，这些评价往往是比较重要的选拔指标。

面对法国的算分方法，中方采取的换算措施主要有两种：

①依据学分换算原则。中方学校较常采用的是学时匹配原则，主要操作方式是将接收学校的学分按照派出学校规定的比率，换算成派出学校相应的学分来计算。

②依据成绩转换原则。由于中法两国高校的成绩计算体系不同，交流学生归国后成绩的转换往往按照以下两个基本规则进行：一是按照法国高校规定的成绩标准与交流学生获得成绩之间的对应比例，再与我国高校对成绩分成的等级进行转换；二是以平均学分绩点（Grade Point Average，简称 GPA）为标准，以学分与绩点作为衡量成绩等级的计算单位，从而进行换算工作。

总体而言，学分互认的核心点在于高校之间的合作。为了给参与中法两国高等院校之间合作的学生提供学分互认的保障，从而推动中法两国学生更好地交流，中法双方应在双边合作关系的基础上，充分了解并考量双方院校的教学方案，包括课程设计、教学模式、评估模式、考核方式等方面，将其一起纳入考虑与策划，为彼此的交换生共同制定一套相对完善的学分互认政策，稳定的政策有助于提高学分互认过程的效率，从而推动中法双方进行深层的交流与合作。

（三）中法学位互认协议

为了促进和加强中法两国在职业教育领域的交流，协助学生进入对方国家院校继续深造，2014 年 9 月 18 日，中华人民共和国教育部与法国国民教育、高等教育和科研部签署了文凭互认的行政协议。这一行政协议标志着中法大学间的合作进入了新的阶段，协议分为总则、文凭、学位、学衔和高等教育教学组织、进入对方国家高等教育的方式、执行方式和附件。

协议的第一部分说明了协议的目的，即确定中法两国高等教育学历对应和文凭互认的方式，以便于学生进入对方国家机构继续接受高等教育。协议的第二部分和第三部分分别从法国方面和中国方面介绍了各自的学位体系结构以及教学组织内容。第四部分和第五部分则详细规定了中法两国之间学位互认的方法与规则。然而，中法两国之间文凭互认协议在明确了相关的法律条文、促进了两国之间的高等教育交流、提高了学生的流动量的同时，也面临一些问题和挑战。在一般情况下，中外文凭的互认，可以通过两种方式来实现：

第一种是近似对等法，指的是两国对应高等教育机构在学术方面的水平相差不大的情况下，一国的高中毕业生进入对方国家继续接受高等教育，就应与对方国家的高中毕业生获得同等的对待方法；第二种方式是相对准确的衡量方式，指的是在核实和考查候选人的研究水平之后，再来对其学术水平进行相应的衡量。在这两种方式中，"近似对等法"是中外文凭互认的主要方式，其根基是双方国家和地区之间的相互信任。

二、合作政策

中国和法国的高等教育都经历了多年的发展历史，形成了各自不同的高等教育体系。在双方合作的过程中，如何在维护和尊重各自教育传统及特色的同时，保证合作的顺利进行，如何在承认与对方广泛交流与接触的重要性的同时，着力促进本国高等教育的发展，这些都是我们在合作中必须面对的问题。在这样的背景下，合作政策作为统领双方合作的提纲和要领，是解决此类矛盾和问题的重要途径。

（一）流动性的平衡

深化中法人文交流的重要途径，主要聚焦在彼此的高等教育合作上。开放、合作、共享是创新的必由之路，两国高校和研究机构作为推动未来发展的主力军，都在努力加强优势互补，通过合作实现共赢。这些年来，中方与法方致力于全面深化两国高层次人才的培养，扩大双向留学规模，欢迎法方一流教育资源与中方伙伴开展高水平合作办学。双方在已确定的优先合作领域，深化联合实验室合作，探讨联合资助机制，加强产学研相结合的合作。但是，在这个过程中出现了一些现象，反映出一些问题。

1.学生流动不对等

我国在与法国的高等教育合作中存在一个明显的问题，就是对外输出的学生人数多，而将法国的学生引入我国的人数非常少。中法高等教育合作伊始，中法两国的留学生人数就存在着严重的不对等现象，即大量的中国学子选择前往法国的高校完成各个阶段的学习，而法国学生却很少愿意来中国学习。

当然，这一现象有其背后的历史原因，中国的经济乃至整体国力在二三十年前，甚至十几年前与法国都还有一定的差距，在高等教育领域更是差距明显。在当时，中国学生有着强烈的"走出去"愿望，去法国接受高等教育，不仅可以学习先进的文化与科学知识，更可以对将来的就业和人生轨迹产生巨大的影响。对于法国学生来说，从发达国家和地区前往中国这样的发展中国家接受高等教育，自然不是明智之举。因此，选择来到中国学习的法国人，基本上都是对中国文化和历史有着浓厚兴趣的。

如今，随着我国全方位的高速发展，我国的经济总量和人民生活水平都有了显著的提高。与此同时，我国的高等教育也有了长足的发展，一大批高校和专业开始跨入世界一流的行列，在许多领域的前沿逐渐有了中国人的身影，其中有一些学者取得了举世瞩目的科研成果。当前，越来越多来自非洲、中东国家和地区的学生选择来中国进行学习和深造。但总体来说，来自发达国家的学生还是较少。

在"一带一路"倡议的国际化政策背景下，如何深化高等教育的国际交流与合作，在学习其他国家先进教育理念和方法的同时，将我国部分成功的教育理念和经验进行推广，是值得我们关注的问题。对于中国对外教育交流的管理者，需要思考如何吸引更多的法国学生来到中国学习，提高中国优势学科在世界的影响力，推广中国的高等教育模式，真正帮助国内大学实现建成国际化一流大学的目标。

2.输入与输出不平衡

中法两国在高等教育合作与交流中的输入与输出不对等，体现了国与国之间因不对等的发展程度而引起的高等教育的不公平性。影响中外合作交流输入与输出重要因素是国家之间的经济发展水平和经济实力，因为国与国在本质上并不平等，导致了双方在师生交流、合作项目等方面输入与输出的不平等，这反映了各国综合实力的差异。纵观历史的进程，在世界范围内的政治、经济、科技和文化格局中，人类社会由于发展水平的不平衡，而出现了"中心—边缘"的权力层级结构。"中心—边缘"论是美国经济历史学者伊曼纽尔·沃勒斯坦作为"现代世界体系"学派的核心观点，表明在世界体系中有着等级制的布局，本质上具有不平等性。所谓不平等，指的是世界经济体内所固有的不平等分工以及不平等交换。

占据着世界中心地带的国家希望处于边缘地位的国家对其顺从和依附，掌握了学历学位互认的主动权，控制着文凭互认的活动过程。随着中心地带往外延伸，所谓边缘国家和地区常常服从于中心国家，接受其安排和支配。在中外高等教育合作领域，处在边缘地位的发展中国家只能作为高等教育服务的接受方，过度依附于中心国家的规则和标准。总体来看，高等教育国际交流活动的提供者大多是发达国家，而发展中国家往往扮演着接受者角色，有时还要求助于发达国家的优秀高校，与他们开展交流与合作。

（二）新合作模式的常态化

近几十年来，我国高等教育界十分重视与国外高校及科研机构的合作，除了联合培养和交换项目，也出现了很多更为稳固的合作模式。无论是高校，还是各级政府部门，都尝试了许多新的合作形式，其中，联合实验室和中外合作办学是两种常见的长期合作形式。就目前来看，经过十几年的发展与磨合，这两种合作形式在国内都取得了不错的成果。

1.联合实验室

在中法两国的教育科研合作中，中国科学院自动化所和法国国立信息与自动化研究院合建的中法信息、自动化与应用数学联合实验室（以下简称 LIAMA），自 1997 年建成以来，帮助中法两国的研究人员取得了一系列丰硕的研究成果。以 LIAMA 为平台，双方通过合作项目的形式实现了博士生、硕士生，甚至本科生的共同培养，在共同完成了全球前沿的研究课题之外，还极大地促进了两国高层次人才和高校师生的交流。作为一个交流协作的创新平台，LIAMA 改变了长期以来以学者互访为主的合作方式，在国内为科研人员提供了一个高水平的国际科技合作基地，为我国的科研人员及从事科学研究的研究生，提供了直通国际科技合作舞台的通道。

作为中法两国的首个联合实验室，LIAMA 的成功，激发、推广了中法两国以建立联合实验室为主要手段的进一步合作，例如由中国科学院、中国农业大学、法国国家科研中心、法国原子能署等9个实验室联合成立的中-法生物矿化与纳米结构联合实验室，以及北京航空航天大学与法国国家科学研究中心、中央理工学院联合体联合成立的中法联合实验室，北京林业大学与法国农业科学院共同组建的中法欧亚森林入侵生物联合实验室，哈尔滨工业大学与法国里昂国立应用科学学院建立的中法生物医学图像联合实验室等。

相比一般的科研合作形式，联合实验室不仅为两国科技人员的互访提供了便利，而且为人员与知识产权管理、项目与经费的申请和管理提供了途径。实际上，中法联合实验室的成功建立与运行，其意义不只在科学研究方面的合作，更为结合双方各自的优势，在当今各学科交叉发展、快速演变的局势下，为高等教育的新兴学科和方向的确立提供理论基础和科学依据。例如，在当前人工智能和大数据浪潮下，联合实验室的建立，将有助于中法两国快速将传统行业与信息技术相结合。

2.中外合作办学

自 2000 年初以来，中国与法国大学间的合作日益活跃，在中外合作办学的推动下，双方的合作呈现多种多样的形式，包括交流协议、双学位项目、校区"迁移"，以及"中外学院"等。其中，"中外学院"是法国高等教育机构开展的最全面的合作形式。

第一个层次的合作方案模式，称为联合教育计划（Joint Education Program，简称JEP）。在这类项目框架下毕业的学生，在一般情况下，学校会为其颁发一个外方合作大学的文凭，或者颁发一个同专业、同等级的中外合作机构文凭，有时也会加上中国合作大学的文凭。中外合作项目的硕士或博士阶段可以接收几十名学生，而本科阶段可以接收 100 名以上的学生。这些项目与传统的学位一样，它们是由中方合作大学中的一个学院或与学院同等级的机构来实施的，不需要建立一个新的专门机构。它是中外高等教育领域最常见的合作模式，且最容易实施。经过验证，中外合作办学是有效期最有限的，需要定期更新认证。

第二个层次的中外合作模式是中外合作办学机构。这类项目涉及建立一个特设的接收结构，以颁发几个专业和（或）几个级别的文凭。作为中国大学的一个组成部分，或者作为一所独立自主的大学，这种形式使中外教育合作得以延续。中外合作办学机构有两种不同的形式：

中外合作办学机构中最常见的模式是联合教育学院（Joint Education Institute，简称JEI），类似于中方合作大学。一般来说，它与其他隶属于高校的学院享有同样的地位，它不具有法人资格，这种中外合作机构中的结构是长效性的，与中外合作项目相比，能为学生提供更好的保障。

中外合作办学机构中的第二种形式称为中外合办大学是中外高校合作的最新形式，也可以称作中外高等教育合作的巅峰模式。一个中国合作方与一个外国合作方的结合，建构了一个有独立法人的实体机构，该实体机构在行政和财政上是独立的，具有传统大学所拥有的所有特权。

2003 年，我国颁布了《中华人民共和国中外合作办学条例》（以下简称《中外合作办学条例》），对这种办学形式进行了规范。时至今日，越来越多的中外合建的大学引起了人们的关注，例如由英国诺丁汉大学与浙江万里学院在 2004 年联合创办的中国第一所经教育部批准引进世界一流大学的中外合作大学——宁波诺丁汉大学，以及后来的西安交通大学与英国利物浦大学共建的西交利物浦大学，武汉大学与杜克大学合办的昆山杜克大学等。

这些学校的基本教学模式都是将国外一流大学的先进办学模式和理念引入国内，实行全外语授课，并在学生修满学分后直接授予国内合办大学的学位，对于毕业时达到外方标准的成绩优异的学生，还可以获得合作外方大学的学位，学生在毕业后与国内其他高校的学生相比，有更多的选择机会。这些学校基本都建在我国经济发达却没有传统强校的地区，从一定程度上解决了我国高等教育区域发展不平衡的问题，为我国的众多学子提供了更多的选择。

由于管理规范、体系成熟，这类新兴高校在现阶段取得了不错的成绩，培养的学生很多得到了世界其他一流大学或世界 500 强企业的认可。无论是具有独立法人资格的合作大学，还是隶属于现有大学的合作二级学院，都是深化和促进我国高等教育国际化的重要成果，通过把其他国家的先进模式和优质师资引入我国，不仅促进了我国高等教育的国际化，而且给广大学生提供了更多的教育选择。

然而，这种教育合作模式也有一些固有的问题。一方面，国外教学模式和师资的引入并不能让学生感受到国外的人文与社会环境，形成了课堂与社会的分离，而这一分离可能会导致学生对外国文化与思想的片面理解；另一方面，这类办学通常都伴随着高收费，学费从每年几万元到十几万元不等，从某种程度上说，改变了我国当前较为公平的高等教育体系，对于贫困家庭的学生来说，在受教育的机会上，将拥有更少的选择。

（三）监管政策的建立

凡是涉及外国机构参与并在中国境内所办的机构，其组织结构和课程认证，都必须先经过中国教育部的批准。目前的监管框架是以 2003 年教育部发布的《中华人民共和国中外合作办学条例实施办法》（以下简称《实施办法》）政策文本来定义的，该条例取代了自 1995 年以来生效的所谓的"临时"机制，当时这种中外合作办学作为一种新型合作刚刚在我国出现。《实施办法》旨在响应中国加入世界贸易组织（World Trade

Organization，简称 WTO）后的要求，支持和指导中国高等教育向更加开放的方向转型。

在中外学院的管理方面，外方合作机构也会参与机构的管理，特别是参与和财政及教学方面相关的管理。与中外合作项目不同的是，尽管合作机构自己可操作的余地较小，但随着时间的推移和教育部的新要求，中外合作学院仍有可能较为灵活地改变一些办学内容，如新设置的课程科目、新规定的招生上限、学费等。在充分发挥合作机构潜力与作用的情况下，这些学院可容纳 200～5 000 名学生，但一般情况下，一所中外学院平均可容纳 500～1 500 名学生。

在中外合办大学的治理方面，《实施办法》在所有方面均适用，尽管原则上中外双方是共同管理的，但该机构的主席只能由中国公民担任。

（四）中法合作办学

1.质量监管

中外合作办学为中国的国际化之路提供了极大的助力，提高了学生的综合能力，拓宽了学生的国际视野。然而，当今的中外合作办学存在一些问题。例如，由于中外合作办学项目在专业设置、教学体系、课程设置、授课模式等方面，与我国普通职业学校所采取的模式存在一定的差异，因而教育主管部门很难对合作办学的整个过程进行质量方面的监管。1996 年，国务院学位委员会发布了《关于加强中外合作办学活动中学位授予管理的通知》，通知中的第二条规定："对于毕业时要发放境外学位的中外合作办学项目，外方合作者在其合作办学的专业必须具备其本国政府承认的学位授予资格，并且在该专业的师资、教学硬件和教材等方面已经达到世界先进水准，或具备较为明显的优势，教学成效好，并且在国际上具有较高的声誉。中方合作者在该专业通常应具有相应的学位授予权，或已具有较好的办学条件和基础。"然而，这些规定仅仅为相关学校提供了一个指导意见，并没有对具体问题进行说明，而且没有列出相应的标准可供参考，所以并不能筛选出水平较高的中外合作办学项目，也无法对每名交流学生的权益给予相应的法律保障。有时，相关部门对国外学位体系的不了解，也会造成合作办学无法达到预期，引发中外合作方间的摩擦。

对于中外合作办学的教育和文凭质量，我国教育主管部门非常关注和重视。不过，目前，中国对合作办学的监督能力十分有限，主要运用"两个平台"和"两个机制"实施管理工作。在"两个平台"中，第一个平台是依托教育部在"涉外监管网"上设立的信息平台，对于中外合作办学秩序等问题，通过办学监管信息公示进行动态监管，并且根据学生的需要，还会面向社会征集较为全面、可靠的信息，从而对有意申请项目的学生提供相应的就学指导，但这个平台仅仅是一个信息展示平台，并没有太大的约束力。第二个平台是中外合作办学证书认证平台，它的作用是进行中外合作办学证书的认证工作，但其仍处于开发之中，规则还没有完善。在"两个机制"中，第一个是中外合作办学质量评估机制，第二个是中外合作办学执行和制裁机制，用于强化办学单位和各级管理部门的职责。但是，无论是中外合作办学质量评估机制，还是中外合作办学执行和制裁机制，都处在措施制定阶段。因此，为了顺利推进中外合作办学，迫切需要设立完善的监管机构和监督机制，以提高合作办学的质量。

中外合作办学与我国的教育主权密切相关，所以中外合作办学过程中的每一步都至关重要，都必须在国家教育主管部门的监督之下进行。因此，在文凭认证这方面，教育主管部门采取了"事后保障"机制，即委托中国留学服务中心对外国的文凭进行认证工作，常常会出现没有经过教育主管部门审批的中外合作项目，学生在国外被授予的学历无法得到正常认证的情况。国外高校学位、学历认证的问题和相关政策并没有被普及，很多合作办学单位、学生对相关政策不了解，例如有些高校没有经过教育部门的批准，就擅自开展中外合作办学项目，导致参加这些项目的学生花了几年时间完成学业归国后，其获得的文凭在中国留学服务中心得不到相应的认证。

2.外籍教师管理

根据一些学者的调查，判断中外合作办学项目质量的关键，除了看课程内容是否与当地特色相结合，教师的教学理念、教学方法和授课语言也会影响项目实施的质量。根据《中外合作办学条例》第27条，"外方办学机构应当从本机构中选派一定数量的教师到中外合作办学机构任教"，根据教育部的要求，外国职业教育机构负责教学的专业核心课程的数量和教学总时长，应当占中外合作办学项目所有课程和所有教学时长的1/3以上。

中外合作办学的质量取决于教师的教学质量，而教学质量又在很大程度上依赖于师资力量。在中外合作办学项目实践中，外方院校为了保证教师提供的课程的教学质量，也为了不与院校的教学计划发生冲突，通常会在短期内派遣本校教师来中国进行集中上课，或者临时招聘外部人员专门给中国的学生上课。这种集中上课的形式，不仅会导致教学时长的缺少，而且会因为其短期强化性传递知识的特点，违背了教学的基本规律。再加上课程的教学语言为外语，给学生接受课程增加了难度。总的来说，这种阶段突击式的授课方式，会对学生的学习效果产生不良影响，也会令合作办学的教育质量得不到保证。

这一问题在很多中外合作办学项目或机构中都存在，也是比较棘手的一个问题。在最近几年的中外合作办学评审程序中，相关部门特别强调了这一点，即要求外方所提供的师资必须是稳定的，授课方式是可持续的，并且是与现实情况相结合的，这些措施保障了学生的权益，也保证了教学质量。所以，在绝大多数的中外合作协议中，都对外方派遣教师的授课模式和时间进行了相应的规定，较为普遍的方式是每个学期，外方机构必须指派数名专职教师来中国进行常驻教学，尽量减少出现"外籍飞行教师"状况。

面对这样的规定，中外合作办学机构做出了一些调整。一方面，要保证外方挑选并派遣一定数量的专职常驻教师；另一方面，通过组织专门的招聘，从其他教育机构聘用外籍教师，建立并保证较为稳定的外籍师资队伍。一些合作办学项目和机构还可以联合起来，采取共享优质外籍师资的方式，将引进的课程向中方院校的其他相关专业开放，从而获得中方学校在政策及经济上的支持，以便吸引更多高水平的外籍教师来华授课。

当然，一旦涉及外籍教师的聘用问题，又会产生新的问题，例如，如果教师是由外方聘请而来的，那么外方合作机构要提前向中方出具相关标准及程序，将双方在管理方面的职责进行明确的分工。还有一种方法就是外方只负责向中方提供外教的简历，由中方完成聘请手续。目前，对外教实行的管理方式是由负责聘请的一方承担相关的管理工作，在这样的情况下，如果中方对外籍师资的质量等情况不甚了解，中方高校的权益也无法得到切实的保障。所以，如何在中外合作办学双方间建立一个透明的、规范的外籍教师聘用机制，是今后中外合作办学应该重点关注的问题。

第二节 国际教育商业化背景下的
中法高校合作前景及其策略

随着高等职业教育国际化进程的加快和中法间文化经济交流的加深，中法两国在高等职业教育领域的合作得到快速发展，合作项目逐年递增，合作形式逐渐多样化。传统的以西方发达国家向发展中国家输送先进知识技术为主的"扶贫式"教育交流形式已经逐渐淡出主流，如今一些发达国家（如法国）发现了国际教育这个蕴含着巨大潜力的市场，中法高校合作的双方也比以往更加注重合作盈利。本节将结合中法高校合作的背景、市场以及双方合作形式的优劣势，探讨、分析中法高校合作的前景和策略。

一、中法高等职业教育合作的需求分析

法国作为传统的工业强国，在文艺学、工程学、经济学等领域的教学和科研至今处于世界先进水平，有着充足的教育资源；中国高校虽然逐年扩招，但在师资、教学设备、科研积累等方面仍然相对匮乏。对于中国高校而言，国际合作项目的数量和质量已然成为衡量一个学校品质、地位的重要标准，通过国际合作项目，提高教学科研水平、提高高校的竞争力和知名度，是我国高校发展的重要需求。因此，合作办学是中法双方的共同需求。

20 世纪 70 年代以后，受世界经济危机的影响，各发达国家纷纷削减高等职业教育经费，终止对发展中国家的无偿援助，转而采取教育贸易的方式，鼓励本国高校参与国际留学生市场竞争，赚取办学经费。教育贸易的方式提高了大学的积极性，加速了留学生的增长，成为高等职业教育国际化的又一动力。近年来，法国人口已经呈负增长趋势，年轻人的数量逐年减少，使得高等院校的生源已经无法满足高等院校保持原有规模的要求。而国际学生的加入，尤其是中国留学生的加入，可以大量地补充生源。

2007 年，法国政府颁布了《大学自由与责任法》，开始逐步实施法国大学自治改革，在给予大学财政管理自主权的同时，削弱了国家对大学的财政支持，迫使大学通过各种手段筹集资金。其中，收取学费是最直接的手段。然而长久以来，法国公立大学有着免收学费的传统，在国内生源下滑的背景下收取学费显然是难以奏效的。相对而言，亚太地区，尤其是中国，由于高等职业教育发展水平相对滞后，未能充分满足人们接受高等职业教育的需求，因此中国留学生不可避免地成为法国高等职业教育关注的主要对象。

此外，发展与中国的高等职业教育合作，也是法国外交战略的需求。随着中国经济的发展和国际地位的提高，西方国家越发重视与中国在各领域的合作。高等职业教育是国家文化和价值输出的一种有效手段，并且能够覆盖各个学科。通过与中国高校之间的交流，也可以为将来各领域的中法合作培养一批了解中国文化和中国市场的人才。目前在华的法国留学生多数是通过点对点的高校合作项目交换过来学习的，这些人将来可能

会成为中法经济合作的重要力量。

二、中法高等职业教育交流方式的新变化

最初，高等职业教育的跨国合作以学生的流动为主，中国向法国派遣留学生的历史可以追溯到清朝，法国的高等职业教育也曾为中国培养了周恩来、邓小平等伟大的领导人。随着生活水平的提高和对高等职业教育需求的高涨，中法高等职业教育交流的形式正逐步发生变化。

赴法个人留学的形式开始显示出其局限性。由于家庭经济条件、语言文化接受程度和签证政策等因素，一直以来，个人留学只能是极少数人的"特权"。尽管留学生的加入能够在一定程度上带动当地的消费，但住宿等生活问题不仅是留学生所面临的难题，而且给法国的留学生管理带来很大的挑战。此外，由于地域和文化的差异，中国留学生及其家庭难以把握在法留学学校的教育质量。尤其是当前，一些高校受利益驱使，高价低质甚至弄虚作假的做法时有发生。此外，法国学历在中国的认证、留学所造成的国内人才流失等问题日益凸显。

因此，从 20 世纪 90 年代起，以大学合作为基础的办学模式应运而生，这一改革使法国文凭制度能够与国际通用的文凭制度接轨，法国与中国的合作办学更具有可操作性。这些中法合作办学机构和项目都是经过教育部评估、国家统一招生，且学历可以直接得到教育部承认的。

与个人留学相比，合作办学具有明显的优势。中外合作办学教育资源配置寻求的是一种在政府配置引导下以市场配置为主体的模式，着力探讨这样一种充满竞争力、面向市场，且能适时调整自身发展策略的教育资源配置方式。法国高校通过合作，招收已被中国高校录取的大学生。中国学生在国内的学习阶段，法国政府对本国教育提供的福利就不具有参照性，这样既减免了法国学校对中国留学生的接待任务，又免除了留学生所占用的国家津贴。

对于中国高校而言，与法国合作办学，除了同样可以作为创收手段直接增加盈利，更重要的是，对于高校的建设内涵来说，具有非凡的意义。中国的职业技术院校可以利用法国高校的教学科研资源和师资力量，提高本校的师资水平，包括合作时的文化交流、境外培训的机会等。此外，因为学生是在国内接受教育，降低了人才向外国流动的风险。

更重要的是，高等职业教育主权是每个主权国家都必须坚决维护的基本权益之一，相对于个人留学，合作办学更有利于维护国家高等职业教育的主权。

从学生和家长的角度来说，中国学生在国内接受外国教育，经济负担更小，人身安全等风险更低，是一种更容易被人接受的方式。目前，海归学生越来越多、良莠不齐，国内市场对国外文凭难免会产生某些质疑，学生和家长在选择国外高校和项目时有了更多的担忧。而对于中法高校合作的项目，中国高校一般会对法国合作伙伴的声誉、质量、教学内容进行严格把控和适度调整，学生可同时获得国外和国内的文凭，学历认证的难度小，在人才市场上更具可信度。

当然，这种方式的缺陷也是显而易见的。缺乏国外生活经历，缺少外国语言文化的氛围，缺少与外国学生协作学习的跨文化体验，在国外实习、打工的经历等留学教育的附加值，接受外国教育的意义就大打折扣。为此，大部分中法高校合作项目都在寻求折中弥补的办法，类似"3+2""4+1"等教育合作形式应运而生。或是学生前几年在国内、后几年到国外合作院校继续学习，或是在学习的过程中给学生安排一些到国外学习的时间，或是为学生提供在获取国内本科文凭后直接进入国外合作院校攻读更高文凭的机会等。

三、中法高校合作办学新模式的实践及对策

目前，高校合作办学已经成为中法高等职业教育合作交流的主要模式。这种模式不仅能够满足教学和学术交流的需求，而且能够为双方高校创造盈利的机会，但是在发展的道路上，也面临许多机遇和挑战。从中国方面思考具体的对策，主要有以下几点：

（一）针对受众特征，进行国际化教育观念的引导和培养

中法合作办学的适应对象主要有如下特征：学生多为城市人口，对教育有较高的要求，渴望见识国外的先进教育，在经济上属于中产家庭，但是对于出国接受全面的高等职业教育仍然能力有限。从近些年的实践成果来看，接受职业教育的一般为90后，跨国合作办学项目依然有充足的生源和足够的发展空间。然而在近些年，接受高等职业教育的人群逐渐发生变化，现在普遍生育基数低、生育次数少、生育时间晚，因此可以预测，十年后，接受高等职业教育的适龄人数将会下降，竞争力弱的合作项目将会逐渐被

淘汰。

面对国内外高校和众多合作办学项目的激烈竞争，如何在十年的时间内，使自己的项目具备雄厚的实力和良好声誉并能够脱颖而出，将成为各个合作办学项目所面临的挑战。在这个挑战中，对学生国际化教育观念的培养是提高国际合作办学竞争力的关键。国际化教育观念的内涵是积极互动，即不但要大力引进合作项目，介绍、吸收、借鉴法国教育中的优势，而且要引导和培养学生在法国国情、习俗、教育、生活方式等方面多加学习，让这些内容以潜移默化的方式尽早渗入学生的学习理念和生活理念。这样，可以适当弥补学生在国内学习阶段不能亲临法国的缺陷，也能使学生在法国学习时迅速进入角色，达到事半功倍的学习效果，这样的举措有利于提高我国与境外合作办学的竞争力。

（二）根据中国人才市场需求，整合留法学习的专业和教学内容

面对法国失业率日益严重的现实，这几年来，法国的高等职业教育更加注重对学生职业技能的培养，在教学过程中侧重实际操作和团队协作，注重与企业合作，积极邀请企业高级管理人员或技术人员进入课堂，大量引入真实案例作为学生课业的补充，学生在为企业服务的同时，企业也为学生提供了实习和就业的机会。这些举措与中国近年来倡导的高等职业教育发展趋势较为契合。中国的高等职业教育已达成这样的共识：在确立国际合作办学的战略理念时，应注重高校市场意识的培养，注重高校与企业的关系，注重高校品牌意识和服务意识的形成。此外，中法合作面临的挑战还在于如何发展与法国在华企业的合作关系，如何了解企业需求并利用企业设备，使得法国的教育更适应中国的土壤，诸如此类问题值得研究。

在教育部公布的中法合作办学项目中，大部分为工商管理类专业，然而目前，此类专业人才过剩，留学生回国找工作的难度较大。针对这样的情况，中方不应被动等待，应在广泛调研的基础上，与法方协调并调整合作办学的专业和教学内容，尽早地与法国方面的教学进行衔接。在这方面，广州大学中法旅游合作项目是一个成功的例子。该项目是法国教育部与中国政府举办的一项政府间旅游高等职业教育合作项目，拥有中法两国的优质教师资源，实行中法文双语教学，成绩合格者可获得广州大学和法国昂热大学或尼斯大学颁发的毕业文凭，其中每届还有25～30名优秀毕业生可到法国攻读硕士学位，学生的就业前景和发展空间较好。

（三）因势利导、循序渐进解决语言问题

如何使中法合作办学的优势突出且更具操作性，如何使学生克服语言文化的障碍，仍然是中法双方师生共同面临的问题。强攻法语自然是最直接、有效的办法，然而这种方式的时间和经济成本都相当高，不能满足发展中法高校合作的要求。法国高等职业教育和研究部的相关研究人员谈到关于吸引中国留学生的几个措施，其中一条是：通过推行新政，降低对中国学子的语言要求。具体办法是不用先学语言，而是在完成学业的过程中设置语言课程，同时通过增加英语授课量等方式，帮助学生顺利完成法国学业。然而，此举虽然能够使学生容易被录取，但在学生无法融入语言环境的情况下，教学质量难以保证。此外，还有一些合作项目则干脆避开法语，直接采用英语教学，但是学生缺乏在法语氛围中学习的文化体验，将使法国留学名不副实。

笔者认为，在合作办学中不可忽视、回避语言的问题，但也不可操之过急，因势利导、循序渐进是解决语言问题的关键。可以让有留法意向的学生尽早有一个从中文环境过渡到英文、再从英文环境过渡到法语语言阶段的适应期，并且要在 4 年本科学习的时间内完成这种过渡。何种课程使用何种语言、语言各自的占比如何、学生如何组合，以及师资如何培养，都是中法合作办学机构需要认真思考的问题。

在进行探索的同时，维护法语的语言地位也是相当重要的，应当让学生在学习中充分领略法国文化的灿烂和法国语言的优美，以此来激发学生学习法语的兴趣。

（四）利用法国文化优势，增加合作项目的国际竞争力

法国高等职业教育有着文化底蕴深厚、政策和学费较为优惠的优点，但也有着语言关难攻、学校硬件设备和国际声誉稍弱的缺点。选择中法合作项目的学生，除了要考虑专业和学费，在很大程度上是因为对法国的历史文化、时尚艺术有着偏好。因此，要想凸显法国教育的优点，从而更大程度地吸引学生，除了在专业上加强实力，还应该注重法国文化品牌的打造，在教学中增加文化体验，满足学生的需求。中国素有"读万卷书，行万里路"的价值观，在未来，中法合作项目还可以考虑利用法语在欧洲的通用程度、法国在欧洲的中心地位和欧盟教育体制的便利，组织中国学生有偿游学欧洲。

第三节 促进中法职业教育合作的对策

一、从微观到宏观

（一）跨文化沟通措施

结合中国和法国高校的实际情况，可以总结出以下几个方面的举措，以帮助中国或法国留学生更好地面对跨文化交流的障碍：

对于社会和学术生活中的跨文化问题，作为学生主要生活场景的大学首先应当承担起责任，采取一些促进留学生融入本地文化的举措。有学者认为，大学需要进行跨文化交流，以更好地了解和帮助他们的外国学生，并促进学生对国外学校的适应；应当鼓励外国学生参与研究活动，以此促进学术和文化交流的互利互惠。还有学者在他对美国留学生样本的研究中发现，东道国大学的制度文化与来自"第三世界"国家学生的需求之间有着很大的差异。该学者表明，东道国大学在对外国留学生的录取、专业选择、教学和社会适应方面发挥着决定性的作用，其中的每个过程都是制度文化的一部分。因此，站在参与合作的高校这一立场上，实际上有很大的空间来促进学生的跨文化适应。

总的来说，随着我国对外开放水平的不断提高，如今我国与法国在社会生活水平和高等职业教育之间的差异日渐缩小。通过对跨文化交流理论的不断学习与更新，在高校和学生个人两个层面采取上述各类措施，将能更好地促进中法两国学生的合作交流。

在高等职业教育国际化的背景下，中法双方人员的交流是通过跨文化对话实现的。跨文化理解是深层次的心理活动，受制于人们根深蒂固的思想观念。只有建立了多元文化生态观，才能促使人们去了解自身之外的存在，学习先进的文化，理解与自己有差异的文化，有意识地进行跨文化的对话，通过保留不同点让彼此更加宽容、尊重，通过寻求共同之处实现跨文化理解，让彼此更加亲近和友善。

通过两国高等职业教育的合作与交流，实现不同文化之间的对话与理解，在差异之中求同存异，生成生机勃勃的多元文化生态，是有可能实现的。每一种文化都有其存在的合理性和意义，都是人类文明的组成元素，认同差异、理解差异、寻求沟通、寻求融合是人类文明发展的必然要求。

（二）高校课程对策

就课程的设计而言，纵观历史，不同学者持有不同的观点，在每个时期，学者们对它的理解都是不一样的，因此课程结构的不同概念不断出现。在人才培养的过程中，每门课程都有不同的功能，各自的培养目标也都不同。因此，可以先将课程进行分类，以作为其对人才培养价值的判断基础。根据我国传统的分类，按照不同的分类标准，可以分为公共课和专业课、必修课和选修课、理论课和实践课等，对每门课的价值评价不同，它们的类型也各不相同。在中外合作办学的情况下，课程体系要比其他情况更为复杂一些，除了上述的分类方法，还有引进外国课程和本土课程、共建课程和联合开发课程等具体分类。

在中外合作办学的机构中，对于合作课程体系的建设，最重要一点就是如何进行课程的选择，这也是贯穿整个中外合作办学过程中的教学核心和重点，决定着整个办学过程的结果和最终质量。这里所说的选择包括对课程类型、课程内容、课程数量、课程目标，以及对课程价值的选择等。中外合作办学的课程结构基础，即核心课程、边沿课程和外围课程，就是在这些选择的过程中建立起来的。核心课程侧重于学生在本专业学习中核心技能的获取，边沿课程有助于打好核心技能的基础，而外围课程则偏向于对学生课外拓展素质的培养。在中外合作办学的过程中，核心课程结构的构成、边沿课程里的课程组合、外围课程的课程构成等，都是在合作框架内建立课程体系的主要内容。这三种类型的课程按一定的规律组合在一起，共同构建、完善了中外合作办学课程结构。在这种体系中，如何将三类课程按照合乎逻辑的顺序和方法进行相应的合并与组合，相互协作、相互影响，从而形成一个合理、有效的教学合作方案，将是中外合作办学最根本的保障。

当今世界正在朝着一体化方向发展，这成为高等职业教育国际化的首要助推力。然而在这个过程中，课程的国际化则是教育国际化的核心和主题。国家与国家在教育领域的合作与交流，为课程国际化提供了机会、建立了平台，而中外合作办学则充分利用了这个机会和平台，将它们的影响发展到了极致，这是在得天独厚的国际大环境下的大势所趋，也是各个国家合作交流的结果。自主权的明确是双方进行合作的基础，在中外合作办学的过程中，要充分尊重高等职业教育机构在合作项目中的自主权。其中，课程制度的建立和形成都是中外合作与交流的体现与结果，中外合作办学中的课程体系是国际化的典型。课程方案的目标是实现中外理念之间的交融，课程设计的内容是有机地结合本国与合作国家的知识体系，课程设置的方针是密切地协调本土课程和引进课程，课程实施的方法则是由本国与合作国家之间互相协作完成的，课程评估的过程则要同时考虑中国和合作国家的实际情况。

在中外合作的框架内，办学过程中引进的课程一般都是世界级的科学课程，注重理论与技术，而人文类的课程则基本反映了本国的文化和历史，此外，还有与国际文化之间互动的跨文化课程。引进课程具有非常重要的地位，它们是先进的教学资源，拥有水平较高的技术和理论，但也不应当忽视本土文化的价值和意义，即中方课程中的本国历史和民族感情。虽然一些相关规定提到，涉及跨国性质的中外合作办学机构使用的学习资源，应根据当地学生的文化背景进行适当调整，实际上，机构虽然设置在中国，但常常会出现外方坚持提供他们的"世界化标准的课程"，而较少根据中方当地的文化特点进行课程调整，导致课程无法适应本土的社会、经济和文化需求，不仅降低了课程的实用性，而且大大降低了课程与本土文化的关联性。对于合作课程来说，人文与科学是相辅相成的，不能让中外合作办学的课程因重视科学的先进性而忽视了人文精神。在不同民族、不同国家、不同历史文化背景下，高等职业教育的最终目的都是培育和造就合格的公民，这个理念同样适合于中外合作办学，唯一的差异在于，中外合作办学承载着为中国培育世界公民的责任和义务，为了实现这一目标，我们要努力实现国际文化与本土文化的交融。民族的、传统的东西不是科学现代化的阻力，而是世界文明发展强有力的推力，因此在中外合作办学的课程设计环节，要充分尊重本土文化。

（三）宏观政策指引

为了促进国与国之间高等职业教育领域的双向流动，近年来，中国提出了一个重要的指导方向，即高等职业教育领域的国际合作应遵循"人类命运共同体"的基本思想。近年，美国退出联合国教科文组织，英国公投决定脱离欧盟，西方国家经历了一场残酷的"去全球化"和"反全球化"运动，这一切变化都对高等职业教育的国际合作有很大影响。在全球范围内，每每在发生重大转折、变化和改革的时刻，高等职业教育合作中的国家都会面临重大的挑战。国际合作必须以先进的价值观和思想为指导，才能适应不断变化的国际形势。作为 2018 年写入《中华人民共和国宪法》序言的"人类命运共同体"，这个理念是中国的新型国际关系原则，是根据过去世界上的历史变革经历和未来国际形势发展的新走向而提出的。"人类命运共同体"理念为教育领域的人文交流指明了方向，逐渐形成了中外教育合作交流的新局势。

2013 年 4 月，清华大学苏世民学者项目启动仪式在北京举行，习近平主席致贺信表示，教育决定着人类的当今和未来，而现在的世界是全球各个国家共同组成的一个命运共同体，教育应当顺应这次大的局势，与其他国家进行更紧密的交流与互动，更好地了解各种知识和文化，并更好地认识不同民族对未来的愿望和憧憬，推动和鼓励各国高校学生更好地相互理解，培养他们的世界眼光，启发创新意识，从而为人类的和平与发展做出贡献。

"人类命运共同体"理念要求高等职业教育越过民族和国家的狭隘界限，站在世界整体的角度，寻求人类共同的利益，共同为人民福祉与世界和平事业贡献自己的一份力量。高等职业教育领域的国际合作在"人类命运共同体"理念的引领下，已不再将传统意义上的成功或失败作为最重要的指标，与此相反，各国和各机构一旦开始在高等职业教育领域合作，就应积极确立互利共赢的新观念，以所有国家的整体利益为前提，进行交流与合作。

此外，由于中法两国在教育体系、机构设置、学生人数、国际化战略等方面的不同，面对两国之间输入和输出流动性的差异，中法两国为了促进流动性所制定的政策和所采用的方法各不相同，但也有一些共性，如对于流动性方面数据的收集，双方都要做出改变，应该更加准确地衡量学生和教职人员的流动性，无论是中国，还是法国，都应该解决关于学生和教职人员流动的现有数据的局限性，特别是要使用合适的指标来衡量真正的流动，收集有关人员流动的数据。除了对数据进行收集和统计，还应该提供对更加有价值的"定性"资料的调查，例如从校友网络中获取信息。校友网络的优势是其成员可以提供关于他们回国后的经历的相关信息。建立校友网络的关键是，与以前已经在中国完成学业的法国毕业生保持联系，并对他们的近况进行跟踪了解，鼓励他们宣传自己的经历，并推荐未来赴中国留学的法国学生候选人。因此，校友网络对中国高等职业教育院校而言，是一个重要的招收新学生的沟通渠道。此外，对合作方案进行实质性的监测也很重要，从中还能增进中法双方对人员流动性的认识和了解。总的来说，只有做到了完整、全面、有价值地对于人员流动性的数据和信息的收集，才能将其作为国家制定促进人员流动的相关政策的依据。

对于中国来说，为了提高中国高等职业教育的吸引力，促进法国乃至欧洲和世界上的其他国家的学生来华学习，有以下几点建议：

（1）关注质量，而不是一味地关注数量。在吸引法国学生来中国学习的同时，对于留学生的文化水准、教育质量和学历要求不应因侧重于增加接收人数而降低标准，应该注意数量与质量之间的平衡。

（2）在法国学生来华之前、在华留学期间和回国之后，都为其提供有效的支持和帮助。例如，制定相应的政策，方便外国学生接受语言培训，并在来华之前先对学生进行语言测试。语言是外国学生来华的主要障碍之一，因此只有努力为留学生提供汉语教学，才能保证法国学生在中国更好地融入学习和生活。

（3）保护外国学生免受不规范或不法第三方中介公司的欺骗和伤害。应尽早制定相关条例和章程，以帮助法国学生确定可靠的中介或代理人。

（4）完善中国高等职业教育的宣传资料。在宣传资料中，应该提供更有针对性的信息，如在宣传资料中清楚地展示中国高等职业教育的教学质量、排名情况和学生就业能力，推广中国优秀学校的优势，更好地利用现有的工具和门户网站对中国高等职业教育进行推广，扩大中国高等职业教育在世界上的影响力，让法国学生对中国的教育水平有一个全面的认知。

（5）设计可持续和有竞争力的中国方案，着重于未来项目的可持续性，并与国际上的相关方案保持一致，向法国乃至全世界发出明确的信号，说明中国是一个值得信赖的高等职业教育合作伙伴，以此来吸引新的合作机会，并努力与已经有合作经历的法国高等职业教育机构建立长期的合作关系。

（6）鼓励短期合作方案下的人员流动。应进一步发展暑期课程和短期实习，以支持法国教职人员和学生首次到中国进行体验，对中国的生活和学习有一个切身体验，对日后他们选择来中国进行长期交流学习和工作都有非常大的促进作用。同时，还应设计允许中国和法国学生共同参与的课程，例如通过中法双方政府共同资助的项目，在允许中法学生相互交流的同时，保证法国学生来华交流和我国学生赴法交流的相互促进。

二、管理推动业务

在中法两国高等职业教育合作的过程中，管理的重要性较为突出，管理的方式和效率对高等职业教育合作的效果有着直接的影响，因此为了促进中法两国高等职业教育合作的发展，首先要在管理方式上进行改善。

（一）信息化管理

国内一些高校率先在国际交流的信息化方面进行了全面探索，并利用电子信息的相关技术进行了实践，旨在用信息化建设的方式搭建完整的链条，为学生出国留学提供方便、快捷的服务和平台。

首先，当学校与国外高校确定一个合作项目，并签好协议、与外方商榷好各种合作事宜的时候，应当将合作项目的信息通过信息化平台进行发布，不是由单一的国际交流部发布，而是各个相关部门统一对相关信息进行发布。当学生看到项目信息以后，可以直接在线上进行项目申请。传统的学生报名项目的方式，都是学生先下载很多表格，逐一进行填写打印之后，交给院系负责人，通过院系进行报名，再由院系经过统计以后上报到学院，最后才能传递给学校相关职能部门。这样通过纸质材料逐级上报的方式，既占用了学校的大量人力资源，又增加了很多流转时间，有时甚至会因为系或学院的统计整合不及时、不仔细，而出现漏报或超过申请时间才上报至学校的情况，给申请学生造成较大的影响。因此，在线进行项目申请，不仅可以为申请学生提供方便，而且会节省各级教师和行政人员的时间和精力，在很大程度上提高了项目申请的效率。

当学生的申请信息出现在平台上以后，学院和学校的相关领导可以同时在线上平台进行联合审批，不仅减少了传统方式中院级上报校级的等待时间，而且免去了学生拿着纸质材料到处找相关负责人签字盖章的麻烦。当审批完毕、申请通过以后，学生可以通过平台第一时间得到审批结果。在接下来办理出国出境手续的过程中，可以同样运用信息化线上平台简化审批手续，让学生、教师及各级行政人员免于复杂行政程序的困扰，提高各方效率，促进出国出境工作的发展。

项目审批通过以后，学校便要对学生实行派出管理，在这个阶段，信息管理的方式显得尤为重要。因为学生出国涉及的人员较多，院系较为分散，学生赴国外学习的国别不同、专业不一，出国与归国的时间也不一样，涉及各个方面的细节，使得派出学生的管理工作变得较为困难、难以协调，极大地增加了学校相关部门人员的工作量。在传统的派出管理方式中，往往会因为地域、时差、通信手段等因素的影响，导致出国学生在合作院校的学习期间，与派出高校的管理部门之间的联系不够及时，有时甚至会出现脱节的现象。

随着高校与国外的交流与合作数量的增多，对出国学生派出工作管理能力的要求必然要加强。对于我国的高校而言，建立一个功能全面、操作简便的信息化派出管理系统，能够大大提高工作效率。对于出国的流程，应清晰地展示在管理系统中。

从学生出国的那一刻开始，他们的信息就全面地呈现在系统中，院系和学校的各个部门可以同时掌握出国学生的各种信息，并且对其进行全程信息化追踪，这样不仅能保证学校对交流学生的约束力，而且能对学生在海外学习遇到困难时及时给予帮助。在这个过程中，辅导员要参与其中，通过系统了解学生的相关信息并进行沟通，以便随时了解学生在出国过程中或者在国外学习生活中的情况。当学生在国外合作高校完成学业回国以后，各种返校手续会涉及较多部门，此时也能通过信息平台对学生归国信息进行分享，各部门之间可以直接进行确认。因此，从学生提交申请开始，一直到出国、返校，整个过程的手续都在信息化平台上办理，形成了一个完整的链条，对于整个交流程序的管理，无论是在管理效果上，还是在工作效率上，都得到了很大的提高。

（二）建立规章条例，明确分工

总体来说，我国中外合作办学的发展历史并不长，在法治建设方面起步较晚，与世界上其他发达国家相比，还处在初级阶段。实际上，在中外合作办学深入开展的过程中，有很多方面都需要立法，并且不能仅仅停留在国家层面的大法律上，更需要的是纵向更加细化、横向与其配套的系统建设。此外，由于我国高等职业教育体制有着自己的特点，在外方合作学校参与进来时，对于中外合作办学项目或机构在我国的开展，要与我国自己的管理体制相适应。无论是规章制度的建立，还是评估工作的分工，或是外籍教师的管理，都与中外合作办学的质量息息相关，密不可分。应根据我国自己的国情和高等职业教育体系的特点，在以下方面进行改进：

（1）建立教育行政法，处理好教育与行政之间的关系。在传统上，我国高等职业教育还是以统一管理为主要特点的，在教育管理和行政管理中经常遇到关于集权与分权的平衡问题，对于这些问题，就要用法律法规进行协调。例如，当遇到过度集权的情况时，不能一味地下放权力，应先确定权力与责任的关系，这些都应该在学校事先建立的明文规范中予以明确，只有这样，中外合作办学机构的各级行政管理才能了解自己的职责分工，从而更好地行使职责所赋予的权力，在遇到具体问题的时候，才能充分运用自己的权力，并且与其他各部门相互协调配合，共同解决问题。

（2）目前，由于我国高等职业教育的评价体系以政府为基础，因此应由政府来承担高等职业教育相关的质量评估和咨询工作，并努力与国际上的高等职业教育评估机制相结合。根据国际上已有的评估管理经验，在今后，我国政府应调整自己在学位认证与监管工作中的位置，由从前对质量文凭进行直接管理逐渐转向对大方向的宏观调控，这样可以使高校在学位授权机制中拥有更大的决策权。此外，对于评估的时机，也要进行适当调整，以前多在事后进行总结性评估，今后应逐渐转向对整个过程进行持续性的监督和管理。此外，外部的第三方机构也应该参与进来，共同提高学位的质量保证工作，为双方的文凭认证过程的顺利进行做出贡献。

（3）学校的层级规定条例相当重要。中外合作办学机构由于涉及的是两所高校乃至两个国家，所以其管理相对于独立的国内或国外高校都要复杂一些。对于一个中外合作办学机构来说，无论是其内部各个行政部门相应职权的行使，还是其内部的管理制度及机构内外的各种关系，都需要明文条例和文件来明确和规范。中外合作办学机构无论是其自主权的落实，还是办学的基础条件以及机构建成以后的基本运作规则和管理制度建设，都需要法律法规提供保障。

从高校教育管理的角度看，学生的国际交流涉及招生制度、学籍管理、学分互认、学位颁发等方面，而负责这些方面的部门主要是国际交流部、教务处、学位处，以及各二级学院。学校应当按照本校事先规定的管理程序，对各部门的责任范围进行明确分工。

（1）在选择合作院校时，应该整体考虑其教学资质、培养计划和教学管理制度，最后签订的合作交流协议不应只在国际交流部留存，而应该一式几份，分发至教务处、学位处和学生所属学院，并让这些部门的相关教师知晓协议内容，进行备案。

（2）国际交流部确定了交流学生名单之后，应分别在教务处、学位处和二级学院备案，有明确的书面反馈，使几个部门同时了解学生的出国日期、所去国家或地区、归国时间、学习成绩标准等信息。选派的交流生在到达外方合作院校之后，各部门也应定期了解学生在当地的学习和生活情况。

（3）各二级学院要依据本专业的培养方案，协助本院交流学生选择所修课程，提前熟知本校和交换学校的学习成绩标准和学分规则，当学生归国后，可以较为顺利地进行学分转换。

（4）当学生回国以后，向学校提供外方合作院校的成绩单和翻译件，并填好学分转换申请表，以申请学分认定。相关文件由其所属学院进行初审，并统一交到教务处，再由教务处进行二次审核，如发现问题，要及时反馈给学院，最终将转换后的成绩录入本校教务系统。

中国和法国由于国情、文化等方面的各自特点，在高等职业教育理念、高等职业教育体制、高等职业教育国际化政策，以及学生事务管理方面，有许多差异，这些差异导致了中法两国在进行高等职业教育领域合作的过程中，在学术制度、合作政策、事务管理等方面也有所不同。虽然中法两国高等职业教育的历史与现状都不尽相同，但双方却具有共同的目标及愿望，即通过高等职业教育合作促进两国的人文交流，从而推动两国在诸多领域开展合作，为两国人民带来福祉。

因此，在面对各个方面的差异时，中法双方都要先正视并承认差异，进而对这些差异表示理解和尊重，在保留自身特点的前提下，与对方进行沟通与磨合，只有根据双方的差异调适自己的行为与决策，才能将两国的高等职业教育制度与文化进行较好的融合，从而共同促进两国高等职业教育合作的发展。

在这个过程中，中法两国高校秉承"求同存异"的积极态度，面对两国之间的差异，尽量去适应对方，寻求双方的共同点；对于无法融合的部分，选择尊重对方，允许双方差异的存在。正是由于这种理念和行动，使得中法两国在高等职业教育领域的合作发展势态良好。

不同国家在互相交往的过程中，寻求全球化的动机一定是复杂多样的。对于高等职业教育相当发达的国家，其政府和机构往往会制定特别的方案，以吸引和容纳来自发展中国家的学生；而对于教育不够发达的国家和地区，其高校则倾向于寻找在国际上更负盛名的高校建立合作关系，因为这样的合作能为其提供更多提高世界排名的机会。虽然合作动机各不相同，但在"人类命运共同体"理念中，各个国家只有做到了平等和相互尊重，合作才能够更好地进行。

"人类命运共同体"是由不同民族、不同国家、不同文化组成的一个整体，"人类命运共同体"并不是让不同民族的文化同质化，而是不仅不会排斥各民族之间的文化差异，反而会主动了解对方的文化，并且会认同、尊重和包容这些差异，彼此的不同并不是合作的障碍和阻力，反而是合作的动力。

就我国而言，"人类命运共同体"理念下的新型高等职业教育的国际合作应当是主动对话的，而不是被动接受的。这就需要我们从制度、文化的交互转向理念的共享合作，即从历史和现实出发，始终以尊重、包容各国文明为基础，欣赏、分享彼此的文化，推动文化认同。因此，在合作中，我们一方面在坚定自身教育特质的基础上，通过合作对话与自我调整，增强文化理解与互信；另一方面，应避免过分强调文化中的民族性，保持兼容并蓄、交流互鉴、"和而不同"理念，消除他国对所谓"文化入侵"的误解。我们只有对外培养好既有全球视野，又有专业能力的人才，对内培养好既有民族担当，又有包容能力的人才，才能跨越文化间的隔阂，推动高等职业教育合作的本土生长和相互建构，形成包容的"人类命运共同体"思维。

就高校层面而言，应制定广泛的国际化战略，寻找世界上其他国家的合作伙伴，签署合作协议，从而使职业院校走向国际化。在与其他国家的交流中，可以让学生和教师通过参与国际项目，拓展自己的视野，丰富学术课程，增加对其他国家文化的体验，给予师生参加国际科研和学习的机会。正如所有可持续发展的关系一样，尊重各个国家的特征和文化是非常重要的，参与合作的国家和机构必须同时考虑其合作伙伴的需求，而不是只考虑自己的利益，只有这样，才能符合高等职业教育合作的宗旨。

求同存异的理念不仅适用于高等职业教育合作领域，同样也适用于中法合作过程中的其他方面，乃至中国与其他国家的合作。中法两国分属东西方文明，是文明交流的倡导者和推动者。彼此尊重和互学互鉴应当成为正确的合作方式，也将成为中法人文交流可持续发展的重要动力。

秉承着求同存异的原则，进行国与国的合作，并不是要求所有国家必须遵循一个统一的标准，而是提倡在合作中尊重彼此的不同，对于合作国家的文化表示理解，并在充分保留自己文化特点的前提下，积极与合作国家寻找共同点。

尊重彼此之间的不同，是合作的基础。在中法交流与合作的过程中，各合作成员不应将自己的文化凌驾于对方文化之上，将自己的制度强行并入对方制度，也不应简单地模仿、依附或者盲从对方的文化和制度。良好的合作应该建立在平等的基础上，相互理解和尊重彼此的差异，并积极学习、互相激励，最终找到合作的切入口，实现资源上的共享，共同促进中法关系的良性发展。

在未来，中法两国能够通过不断深化的职业教育合作，完善人文交流机制，为发展稳定、可持续、预见性强的中法关系和健康深入的中欧关系注入新的动力。同时，中法两国人民还将携手引领文明互鉴、文明互通的潮流，为不同文明和谐共生、合作共赢树立典范，为人类文明进步做出积极贡献。

参 考 文 献

[1]顾明远，鲍东明．"一带一路"教育共同体建设与教育国际化研究[M]．北京：教育科学出版社，2023．

[2]张秋凤．"一带一路"背景下中国-东盟职业教育合作机制研究[M]．北京：中国轻工业出版社，2024．

[3]中华职业教育社．走向世界的中国职业教育——共建"一带一路"十年来职业教育合作案例集（第1辑）[M]．西安：西安交通大学出版社，2023．

[4]沈华，沈曦．"一带一路"沿线国家的高等教育发展研究[M]．北京：中国社会科学出版社，2023．

[5]李建求，卿中全．"一带一路"沿线国家职业技术教育概览[M]．北京：商务印书馆，2021．

[6]宋红波，沈国环．"一带一路"共建国家语言教育政策研究[M]．武汉：武汉大学出版社，2020．

[7]刘进．"一带一路"学生流动与教育国际化[M]．北京：北京理工大学出版社，2020．

[8]徐博文．基于能力培养的高职教育教学模式研究[M]．长春：吉林出版集团股份有限公司，2022．

[9]胥秋．比较教育专题研究[M]．武汉：华中科技大学出版社，2021．

[10]王晓辉．当代法国教育[M]．太原：山西教育出版社，2021．

[11]马燕生，张力玮．法国高等教育[M]．北京：中国科学技术出版社，2022．

[12]杜方敏，陈慧．中国高等职业教育"走出去"的探索与实践[M]．北京：经济日报出版社，2022．

[13]汤晓军．中国高等职业教育国际化研究[M]．苏州：苏州大学出版社，2021．

[14]陈雁，王洁．中法大学历史图说[M]．北京：北京理工大学出版社，2020．

[15]吕景泉．鲁班工坊核心要义——中国职业教育的国际品牌[M]．天津：天津人民出版社，2019．

[16]当代中国与世界研究院，法国桥智库．文明交流与互鉴：构建人类命运共同体[M]．北京：朝华出版社，2020．

[17]李承先. 高等职业教育新论[M]. 北京：中国书籍出版社，2018.

[18]王守军，胡必亮. 教育助力"一带一路"[M]. 北京：中国大百科全书出版社，2019.

[19]毛大龙. "一带一路"职业教育研究蓝皮书[M]. 厦门：厦门大学出版社，2018.

[20]顾明远，鲍东明. 推进共建"一带一路"教育专题研究[M]. 北京：教育科学出版社，2017.

[21]张士伟. 近代中法教育交流史[M]. 天津：南开大学出版社，2014.

[22]翟海魂. 发达国家职业技术教育历史演进[M]. 上海：上海教育出版社，2008.